AF470016

LA VICTOIRE DE LA VERITÉ, CONTRE L'HERESIE, PAR LA REFVTATION DE TOVTES SES *erreurs.*

Au faux-bourgs S. Germain lez Paris,
Par Fleury Bourriquant, demeurant en la ruë Neufue, au coing de la ruë du petit Lyon.

1603.

AVEC PRIVILEGE.

D. Gregorius lib. 9. Moralium.

Peruersæ mentes, si semel ad studium contrarietatis eruperint, siue prauum, siue rectum quid, à contradicentibus audiant: aduersis hoc responsionibus impugnant, quia cùm persona per contrarietatem displicet, nec recta quæ protulerit, placent. At bonorum corda, quibus in odium non venit persona, sed culpa: sic peruersa diiudicant, vt rectaquæ dicuntur assumant: & sic malè prolata respuunt, vt tamen approbent, quæ ex veritate cognoscunt.

Vincit vicia veritas.

A MONSEIGNEVR REVERENDISSIME, MONSEIGNEVR L'ARCHEVESQVE DE GLASCO, MELORD IAMES DE Bethune, Ambassadeur vers LA MAIESTE' TRES-CHRESTIENNE,

POVR,

Le Serenissime tres-puissant Prince & felicissime le Roy Iaques, premier d'Angleterre, d'Escosse & d'Irlande.

MONSEIGNEVR,

Pour beaucoup de grandes raisons, i'auoye proposé dés ce dernier mois d'Octobre, vous dedier ceste presente *Victoire de la verité, contre l'heresie.* Estant particulierement obligé à recognoitre tant de faueurs, qu'il vous a pleu me faire: Et mesmes pour deux causes; l'vne que c'est pour respondre à vn certain, soy disant Escossois, nommé d'Adaire, qui a entrepris de soustenir les erreurs des Ministres pretendus, laquelle occasion m'a semblé vous regarder directement, Monseigneur, pour le rang que vous tenez en la nation: comme par expres ledit d'Adaire, auroit deu apprehender, en son ame, & encore mesme pour l'honneur de son Roy, qu'il ne luy estoit conuenable, de soustenir des gens, qui és personnes de leurs compagnons, se sont rendus trop odieux enuers tous bons Escossois, pour les actes insolens, dont ils ont osé se prendre à sa Majesté Serenissime: quelque pretexte qu'ils puissent pretendre de leur religion pretenduë. Car il n'y a point de religion ny de pieté en chose quelconque, qui peust de fait ou de parole venir à desplaisir à vn Roy, principalement vn Roy propre, auquel on est suject: ains la doctrine de sainct Pierre est, 1. *Pet.* 1. *Deum timete Regem honorificate.* Afin donc, que ma responseluy portast plus d'effect à sa correction & amendement: i'ay estimé qu'il ne vous seroit point desagreable qu'il vist, dés l'entrée soubs vostre nom, la reuerence deuë à sadite Majesté. Et qu'ainsi luy & tous autres, se peussent rendre sages, par la grace de Dieu.

L'autre raison est de tres-grand poids, & porte de fait à vne tres-grãde hardiesse, & de laquelle i'auroye bien à m'excuser grandement, & en toute humilité: C'est que ie desire sur tout, que par vostre bon moye, Monseigneur, Sa Majesté Serenissime puisse vn iour se daigner d'estre aduertie, de la deuotion que i'ay tres-humble à son seruice: attendu mesmement qu'il est par la grace de Dieu, fils de ceste tres-digne Princesse, la Roine Marie tres-Chestiene de France &

d'Escosse, & qui i'espere ayant succedé à ses estats des Bretaignes outremer, qui la regardoyẽt d'heredité legitime ; sera aussi par la grace de Dieu, vray imitateur de sa pieté & foy tres-Chrestienne : pour laquelle ceste tres-Chrestienne Princesse, & Royne Serenissime, a combatu iusques à la mort, & a esté couronnee glorieusemẽt du S. Martyre de la saincte foy Catholique. Quoy que soyent les imaginations des Ministres pretendus, au contraire, ie diray hardiment, que comme sainct Ambroise disoit, de sainct Augustin, à saincte Monique sa mere, qu'il n'estoit pas possible que le fils de tant de ieusnes, larmes, prieres & oraisons, qu'elle faisoit pour sa conuersion, peust iamais se perdre. Aussi diray-ie en la confiance de la misericorde de Dieu, que le fils d'vne si constante & admirable resolution d'endurer la mort, comme l'a enduree ceste tres-Chrestienne Princesse, mere du Roy Serenissime, puisse iamais perir. Que le fils doué de la benediction souueraine d'vne mere si bonne Catholique, puisse estre detenu de la pretenduë Eglise, qui n'est qu'vne marrastre cruelle, ruineuse d'estats & de biens, & d'honneurs & de vies. Et outre tous ces dons & graces, sa majesté Serenissime est mieux instruite par son erudition singuliere, pour sçauoir cognoistre & discerner ce qui est bon du bon, d'auec ce qui est mauuais du mauuais. Or ce n'est pas de merueilles, que lesdits Ministres pretendus, s'en figurent de telles Idees, veu que mesmes és personnes dont ils font peu d'estat autrement, ils s'attribuent neantmoins qu'ils sont à eux, combien que ces personnes là les ayent abandonnés. De Monsieur & madame Milet, desquels est question en ceste response, & en resulte, disent qu'ils sont encore des leur, neantmoins ils sont Catholiques, graces à Dieu. Montigni leur disoit, que l'Eglise Romaine n'estoit pas vraye, mais qu'il failloit discerner les esprits. Du Moulin disoit, que l'Eglise Romaine estoit vraye, mais qu'elle n'estoit pas pure. La Faye disoit, que pure & vraye c'estoit tout vn. Mais qu'il falloit suyuir l'Eglise la plus pure. Ce sont noms de Ministres pretendus, ou au moins ils s'en font appeller: Car souuent ils se desguisent. Ledit du Moulin ayant baillé des articles contre l'Eglise Catholique, & disant qu'il eust esté expedient que tout le monde les vist, puis apres il ne les voulut iamais representer, disant que puis que madame Milet alloit à la Messe, elle n'en auoit plus que faire; & qu'il les auoit faits pour elle seule. Ayant entrepris vn bon Docteur en chef, il dist puis-apres, qu'il aymoit mieux se prendre à tous à la fois. Et neantmoins de six fueilles qu'il s'estoit vanté de mettre, il n'en fist iamais vne panse d'A. ainsi, *ex vnguibus leonem*. Cela vous ennuyeroit trop, Monseigneur, si i'en disois d'auantage. Ie supplie la Majesté diuine de tout mon cœur, que comme il vous a fait rester, lumiere vnique de l'Escosse, Royaume premier Chrestien, entre les Septentrionaux, pour la saincte foy Catholique: & maintenant vous fait voir le Roy Iaques Serenissime, par grace speciale de Dieu, descendu de cent sept Roys, commander à toute Isle, ce qui n'auoit iamais esté: & y estre venu tant de l'estoc paternel, que de la ligne maternelle, par succession directe & pareil droit, en l'vn qu'en l'autre, qui sont choses admirables: ainsi Monseigneur, vous puissiés r'allumer le lumignon quaſi eſteint de la foy, qui fume encore, mais qui eſclaire noblement; non ſeulement aux peuples; mais ſur tout au Roy meſmes, qui leur commande, à l'exaltation de noſtre mere ſaincte Egliſe Catholique, Apoſtolique & Romaine: & qu'il vous doint de chanter le Cantique de ſainct Symeon. *Nunc dimittis Domine ſeruum tuum in pace.* Ainſi ſoit-il.

Monſeigneur, Ainſi ſoit-il.

Du College Royal de Nauarre, ce 15. Auril, l'an de grace 1603.

Voſtre tres-humble & tres-affectionné ſeruiteur.

P. V. C.

Approbation des Docteurs.

Nous soubs-signés Docteurs de la sacrée faculté de Theologie à Paris, certifions auoir veu & leu, & examiné exactement le liure intitulé, La victoire de la verité, contre l'heresie. *Fait par nostre maistre P. V. Cayer aussi Docteur de ladite faculté, contre les erreurs & heresies d'vn nommé du Moulin pretendu Ministre, & vn nommé d'Adaire Escossois, ensemble tous autres de l'erreur & heresie de Caluin, qui en dogmatizent: Auquel liure susdit,* La victoire de la verité, contre l'heresie: *nous auons troué toutes choses conformes à la sainte doctrine Catholique, Apostolique & Romaine, & pourtant l'auons iugé digne d'estre mis en lumiere: en tesmoin dequoy nous auons signé de nos mains le present certificat. A Paris le 5. d'Octobre 1603.*

F. G. Roux. F. S. Filleur.

A MONSEIGNEVR REVERENDISSIME, MONSEIGNEVR L'EVESQVE DE VEZON.

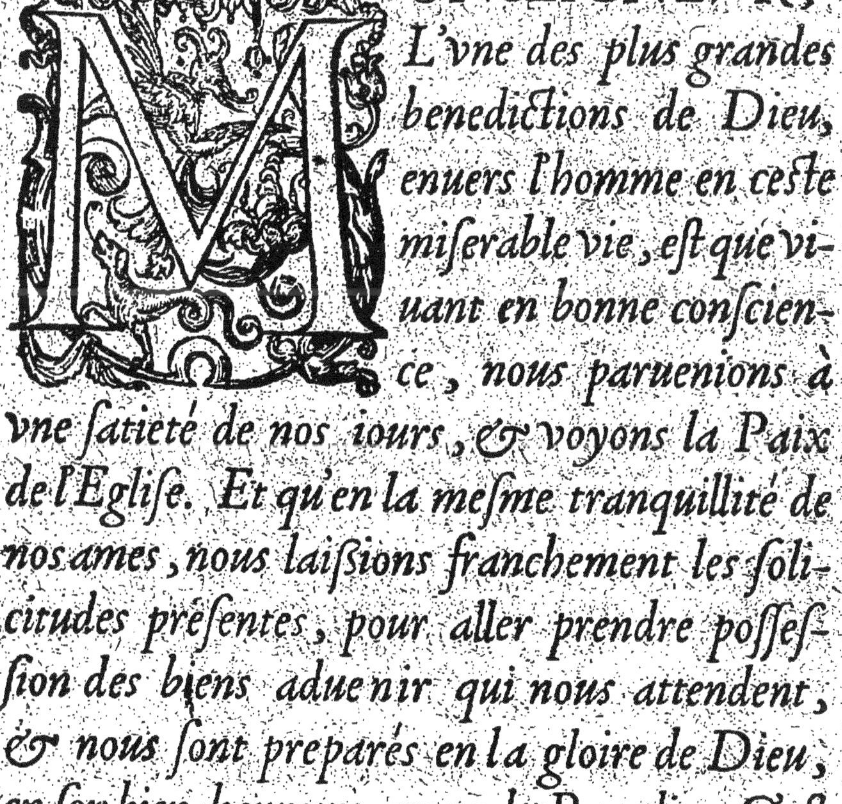

MONSEIGNEVR,

L'vne des plus grandes benedictions de Dieu, enuers l'homme en ceſte miſerable vie, eſt que viuant en bonne conſcience, nous paruenions à vne ſatieté de nos iours, & voyons la Paix de l'Egliſe. Et qu'en la meſme tranquillité de nos ames, nous laiſsions franchement les ſolicitudes preſentes, pour aller prendre poſſeſſion des biens aduenir qui nous attendent, & nous ſont preparés en la gloire de Dieu, en ſon bien-heureux regne de Paradis. C'eſt ainſi qu'il en a pris à feu Monſeigneur l'Ar-

cẽ

cheueſque Reuerendiſsime de Glaſco, duquel l'ame bien-heureuſe a laiſſé ces bas lieux, pour eſtre receuë de Dieu, en ſa miſericorde & grace diuine. Que s'il n'a veu la Paix de l'Egliſe, pleinement en ce monde: nonobſtant, il en eſt en la pleine iouïſſance à preſent auec les ſaints Anges. Il luy auoit pleu dés long temps auoir agreable ce petit traité, lequel n'a peu auoir autre recours, apres le decés de ſon protecteur, qu'à vous, Monſeigneur; qui eſtant vn autre luy-meſme, & ſecondant ledit feu, Monſeigneur, en dons de grace diuine, & en dignité & prelature; ioinct auſsi voſtre humanité ſinguliere, ſemblable; il vous plaira eſtre tuteur à ce petit orphelin de ſon Pere: Il porte ſur ſon front vn tiltre triomphant de Victoire contre l'hereſie. Et de faict, elle eſt certaine, en ce que la ſaincte Meſſe eſt la baſe ſouueraine, non ſeulement de la foy Chreſtienne, mais la choſe meſme que l'on croit: non ſeulement elle eſt le principal poinct de noſtre ſalut, mais c'eſt, Ἡ τῆς δόξης τοῦ θεοῦ *τέλεια κορώνις: car ſans la neceſsité du ſalut meſme, au cas qu'il n'y euſt point eu d'offenſe, ſi l'homme euſt peu eſtre ſi heureux: c'eſt le deuoir perpetuel de chanter Euchariſtie à Dieu le Createur, c'eſt la reuerence & l'amour meſme deu de la ſapience, à l'amour gratuit Paternel, dont elle eſt Dieu de Dieu, & lumiere de lumiere, engendrée coëternellement de ſa propre ſubſtance. C'eſt le ſecret que les Anges adorent perpetuellement. Dieu face la grace à tous ceux qui errent, de le bien comprendre. Ie prie Dieu, Monſeigneur, benir de ceſte ſaincte grace, la Maieſté Sereniſsime de ce grand Roy Iaques; pour le reſtabliſſement de la ſaincte Doctrine; & vous donner l'accompliſſement de vos bons & ſaints deſirs, à ſa gloire & au ſalut de ce bon peuple, originaire des premiers Chreſtiens, de la teſte du monde, pour le ramener en l'vnion de la foy, Monſeigneur. Du College Royal de Nauarre, ce 28. Auril 1603.*

Voſtre tres-humble & tres-affectionné ſeruiteur,

P. V. C.

LA VICTOIRE DE LA VERITÉ SVR L'HERESIE,

Par monsieur Cayer, lecteur ordinaire du Roy, és Sainctes lettres.

STANCES.

SI ie chante ton nom d'un hymne tout prospere,
Croy que cest vniuers m'en a fait la leçon;
Ie suis l'heco parlant apres cest hemisphere,
Qui en est la trompette, & moy rien que le son.
Chacun a trop ouy ta vertu, ta faconde,
Le bruit en est par tout: ie ne sçache point lieu,
Où comme un vray Soleil tu n'ayes fait la ronde,
Que celuy que les dieux, & les hommes n'ont veu.
L'orphée qui tiroit l'ame par les oreilles,
Aux fredons de sa lyre animeZ de ses doigts,
Epris diuinement de plus rares merueilles,
Feroit taire son Lut aux accens de ta voix.
Vaincu de ce doux air qui ta plume manie,
Il feroit maintenant pour te glorifier,
Que les arbres encor suiuroyent son harmonie,
Attirant les Lauriers pour te sacrifier.
Lauriers, qui ne sont deubs qu'au prix de ta VICTOIRE,
Ayant trop constamment l'ennemy combatu,

Qui me donne suget de parler de ta gloire,
Comme estant l'argument de ta propre vertu.
Sacré germe du ciel, esprit qui m'interpelle,
L'honneur de l'uniuers, uniuers de renom,
Chantant la VERITÉ, d'une gloire eternelle,
Tu bastis iustement ce Pean à ton nom.
Dont ie veux confesser que pour rompre les songes,
D'un esprit vagabond, d'un iugement mal sain,
Pour escrire & parler encontre ses mensonges,
Il falloit de Cayer & la voix, & la main.
Heureux-heureux Cayer, qui tire par l'oreille
En tes diuins escrits nostre ame dans le ciel,
En qui Symonides recouure son abeille,
Qui de toutes les fleurs fait distiller son miel.
Et vous heureux Cayers qui vous sçauez espandre
Par tout cest uniuers attirant tout à vous,
Reuerés d'un deuoir celuy qui vous engendre,
Quand pour l'amour de luy on vous reuere tous.
Heureux heureux enfans, qui naissez plains d'enuie
De seruir vostre pere, & d'estre son support,
Vous n'estes point ingrats, s'il vous donne la vie,
Vous le garentissés aussi bien de la mort.
Il est ce vray Phœnix qui veut en vous se rendre,
Vous estes le buscher qui le doit consumer,
Mais il renaist de vous ainsi que de sa cendre,
Vous ne le consumés que pour le r'animer.

PH. TOVRNIOL,
Aduocat en la Cour.

Au Lecteur Catholique. S. par I.C.N.S.

AMy Lecteur, Suyuant le dire cy dessus de sainct Gregoire le grand, sainct Pere & Docteur de nostre mere saincte Eglise Catholique, Apostolique & Romaine: apres auoir long temps patienté, pour voir s'il y auroit quelque amendemẽt en des gens, à ce que ie voy incorrigibles: En fin par l'auis des mieux sensez, i'ay mis sur la presse ceste *Victoire de la verité, contre l'heresie:* Qui estoit preste dés le mois d'Octobre: Mais il m'a-uoit tousiours semblé, que l'heresie se destruit assés d'elle-mesme. Neantmoins pour faire bien entendre le poinct principal du salut, qui est la saincte Messe, i'ay dés lors sommairement respondu à leurs altercations inutiles; c'est par les cottes de leurs imprimez de page en page, sans referer leurs paroles: dont il seroit besoin que iamais n'en restast aucune trace de memoire. Aussi quelquefois i'ay representé les mesmes responses, pour les importunitez qu'ils ne cessent d'en reiterer dans leurs brouillas barbouillez. C'est le clas de l'enterrement des loups, que leurs miserables escrits sonnent, si les ignorans aueuglez le pouuoyent discerner. Adieu amy Lecteur, & priez Dieu pour eux.

Extraict du priuilege du Roy.

PAr priuilege du Roy, donné à Paris le 4. Auril 1602. ſigné par le Roy en ſon Conſeil, Dormy, il eſt permis à maiſtre Pierre Victor Cayer, Docteur en la ſacrée faculté de Theologie, de faire imprimer & vendre ſes œuures, par tel imprimeur que bon luy ſemblera : & ce pour le terme de dix ans; ſur peine, à ceux qui les imprimeront & vendront ſans ſon congé, de confiſcation deſdits liures, & d'amende arbitraire.

Et ledit maiſtre Pierre Victor Cayer, ſuiuant ſondit priuilege, a permis à Fleury Bourriquant maiſtre Imprimeur, d'imprimer & vendre le liure, intitulé *La Victoire de la Verité, contre l'hereſie* : ſans que nul autre le puiſſe imprimer ou vendre, ſinon ledit Fleury Bourriquant, ſur les peines portées par ledit priuilege.

LA VICTOIRE DE LA VERITE, CONTRE L'HERESIE,

PAR LA REFVTATION DE *toutes ses erreurs.*

C'EST la iuste reprehension de l'heresie & du schisme, par nostre mere saincte Eglise, qu'estat l'heresie sans chef, sinon qu'elle a l'esprit malin, pere d'erreur, qui la demene. Vagabond par les tenebres des abismes, l'heresie estant telle n'a aucun consentement, ny en corps, ny en ses membres & parties: C'est pourquoy elle se glisse sans approbation quelconque, pas mesmes des siens: qui est par vn tres-iuste iugement de Dieu, que ceux qui ne se veulent sousmettre à l'Eglise, necessairement tombent en toutes ces absurditez, & en ces peines de se trouuer à chaque fois contraires à eux-mesmes; Comme disoit le bon Duc Iean Frideric de Saxe, electeur du sainct Empire, apres auoir esté seduit par le mal-heureux Luther, en ces termes: *Ie sçay bien ce que nous croyons auiourd'huy, mais demain il le faut demander*

à Martin Luther. Cause pourquoy aussi Philippes Melanthon, quoy que plus traitable fut appellé, *le brodequin (changeant) de religion: Cothurnus fidei*, d'autant qu'il changeoit à chaque fois d'opinion. Le vray moyé de rembarrer les heretiques, c'est d'asserrer tous leurs petits liurets, car ils ne sont iamais semblables. Comme pour exemple, vn temps fut qu'ils se fussent fait brusler pour dire qu'ils n'estoient point Catholiques, maintenant ils s'intitulent de ce nom. Leur ancienne pretenduë discipline, deposoit de ministere pretendu, & priuoit de Cene pretenduë, ceux qui eussent tenu du bien d'Eglise, mesme seulement par ferme. A present ils contraignent en Languedoc & Guyenne les Ecclesiastiques, de leur payer leur entretien, tesmoins Menerbe au Comtat de Venice, terre du Pape, où du temps d'vn certain Merle, capitaine des guerres ciuiles, ils se tindrent forts contre sa Sainteté, & contre les Roys tres-Chrestiens de tres-heureuse memoire.

Pag. 3. Dés l'entrée, il se compare auec les siens à Iosué & aux Israëlites: Où en sont les textes en l'Escriture, qu'ils leur soyent semblables? il ne s'en trouuera point.

Theatre public est bien la ville de Paris, au regard de la France, & de tout le monde mesmes, sans parler seulement de la Chrestienté; mais vne Conference particuliere n'est pas vn acte public.

Pag. 4. Il flatte sa nation Escossoise trop indignement, qui est affligee; outre mesme des insolences des Ministres pretendus, iusques à se prendre à leur Roy: & le tout y estant estably par Iean Cnox prestre renié, l'vn des plus scelerats qui fut iamais au monde.

Pag.5. Cayer n'a iamais dit absurdité ny impieté, & est faux qu'vn Escossois rousseau, ne sçait si cest Adaire luy en ait iamais parlé, mais bien ledit Cayer, l'ayant prié que ses responses fussent receuës, puis qu'il estoit familier du ministre du Moulin, & que puis-apres il signeroit: ledit Escossois rousseau insista tousiours que ledit Cayer signast premierement, qui eust esté signer sa condamnation propre, veu que ses responses manquoient.

Pag.7.8. discours à plaisir: Iamais Cayer n'a baillé d'assignation, mais en a receu volontiers deux, l'vne par monsieur Choart pour ledit du moulin, à cause de madame Choart la mere; l'autre par monsieur Millet, à cause de sa femme: à la premiere ledit du moulin manqua de tout. A la seconde, apres auoir debatu ce qu'il a peu sept iours, il l'a rompuë par la porte de derriere.

9. Cayer n'a point proposé les questions, ains elles luy estoyent demandees par lesdits sieur & dame Millet; & auoyent les Ministres fait courir bruit, que Cayer ne les oseroit soustenir comme il les leur auoit dites en particulier.

10. & 11. Ce sont amplifications creuës de la teste d'Adaire: Car iamais il ne fut parlé de tout cela, sauf que de ce poinct, que l'escriture n'est point la regle de la foy. A quoy Cayer dit, qu'il estoit vray par elle mesme: mais qu'il estoit faulx, estant coniointe à l'organe des pasteurs, par lesquels elle estoit interpretee: Et ne fut iamais parlé de l'Alcoran.

Et quãt au pere Bellarmin, il declare suffisammẽt au premier liure, *de verbo Dei*, ch.1.2.& 4. que *merito verbum Dei, nos Catholici veneremur*. Et que *illud verbum Dei est scriptura Prophetica & Apostolica sacra & diuina.* Ce sont resueries qu'Adaire, & les Ministres pretendus alleguent au contraire, pour impugner la doctrine de la foy. Et au liure troisieme ch. 1. *de verbi diuini interpretatione*, il monstre euidemment que l'Escriture sainte ne se peut pas entendre d'elle mesme. Sainct Pierre le declare 2. *Pet.* 3. parlant des Epistres de S. Paul. Et nostre Seigneur disoit, Matth. 24. *Qui lit l'entende*, & ailleurs parlant *qui habet aures audiendi audiat*, dont resulte qu'elle a besoin d'interpretation : comme aussi sainct Pierre dit 1. *Pet.* 1. *Que la prophetie n'est pas d'interpretation particuliere, estant dictee par l'esprit de Dieu.* Au chapit. 3. il monstre que nul n'en peut estre le iuge, que les Prophetes & Apostres, és personnes de leurs successeurs. Et suiuant S. Paul. 1. *Cor.* 14. l'esprit des Prophetes est subiect aux Prophetes. Brief, au liure *de verbo Dei non scripto*, le pere Bellarmin declare appertement depuis le cha. 3. iusques à la fin, que par la confession mesmes de heretiques, la parole de Dieu non escrite (qui est tradition) doit estre en supplément de la parole escrite : Et ainsi l'heresie ne gagne rien par ses objections.

13. 14. 15. 16. Tout cela est passablement recité.

17. Il appelle enfans perdus les deux syllogismes, qui renuersent toutes leurs erreurs : Car puis que la mort de nostre Seigneur est le sacrifice propiciatoire eternel, & qu'il l'a fait lors par ses mains en instituant sa memoire, & a commandé à ses Apostres d'ainsi faire, il s'ensuit que l'heresie qui repugne à vn tel sacrifice est desconfite & toute ruinee.

20. Cayer n'a iamais ouy parler de cela, mais bien que certaines personnes d'honneur, qui autresfois

ont eſté heretiques, & maintenant ſont Catholiques, dirent ſur le poinct de la deſcente aux enfers, que la parole de Caluin eſtoit renuerſee par le Miniſtre meſme. Car du Moulin auoit dit qu'il ne falloit pas prendre que noſtre Seigneur euſt eſté en damnation, & toutesfois Caluin le dit.

23. Adaire ſe monſtre icy vn grand brouillon en tout & par tout, la verité eſt telle que le Seigneur de Mauconuent l'a recitee.

24. Noſtre Seigneur a inſtituee la ſaincte Meſſe en ſon corps & en ſon ſang, laquelle eſtoit auparauant viſitee és figures de la loy de nature, & de la loy de Moyſe.

Touchant les Margajats, & tout ce qui s'enſuit, il ne fait encore que brouiller, & eſt vn mocqueur touchant le prepuce: tous hommes ont inclination naturelle à ſuiure le bien, mais la cupidité repugne: les luxurieux meſmes la deſguiſent; cela eſt vne maniere de retranchement.

26. Le paſſage du Deuter. fut leu, & pour les autres remis à la pourſuite de la Conference.

28. Il n'y a eu aucun entortillement ny affectation de la part dudit Cayer, ny irregularité de ſyllogiſme; mais celuy premier que fiſt du Moulin, monſtre euidemment qu'il n'y entend rien.

29. Ce ſont propos de Maiſtres Gonins, de vouloir faire croire que les hommes ne ſoyent viſibles, auſquels eſt propoſé le ſalut viſible en ſes ſignes, mais que la creance de la foy & du conſentement en icelle, ne ſoit *de abſtractis*, cela ſeroit faulx: Suyuant donc la notion abſtractiue, nous recognoiſſons les Saincts triomphans eſtre l'Egliſe, auſſi bien comme les fide-

les viuans en chair, sont la militante. Mais sans tergiuerser, l'article est expres de la communion, qui n'est ny ne peut estre de l'Eglise en soy, laquelle fait corps necessairement, mais bien ceste communion est du consentement spirituel qu'ont ensemble tous les mēbres de ce corps, comme en l'homme naturel le corps & l'ame ont vne sympathie tres-grande: le corps est l'homme exterieur, l'ame est l'homme interieur, l'vn & l'autre se voyent: le corps par les sens, l'ame par l'intellect. Mais leur liaison & sympathie, est intelligible seulement, & non pas aussi sensible: ainsi est-il de l'Eglise en son tout vniuersel, qui se void par l'intellect aux effects sensibles: & le consentement se comprend en la creance, qui est l'intelligence commune de l'Eglise.

Partant la cōclusion de du Moulin est faulse, de dire que l'Eglise vniuerselle ne peut estre visible. Mais elle est visible par ses parties en sens manifeste, par consequent elle est visible en son tout, par l'euidence de ses effects. La raison est, qu'estant prise en vniuersel, c'est cōme vne Idee de notion intellectuelle: mais il suffit qu'elle soit veuë en ses parties, pour n'estre pas inuisible. Et à presser le dire d'Adaire, emprunté du Moulin, tout homme est inuisible: car on ne le peut voir tout d'vne veuë, par derriere & par deuant. Et neantmoins nul ne sera si absurde, de dire qu'vn homme est inuisible: parce que quand on ne le void que par derriere, on ne le void pas par deuant: Aussi sotte est ceste raison de du Moulin, quand il dit que l'Eglise vniuerselle ne peut estre veuë, mais bien qu'il y a des Eglises visibles. Or cela est faulx, que voyant l'Eglise de nostre Dame de Paris, on voye toute l'Eglise de Paris: toutesfois l'Eglise de Paris est vne Eglise particuliere, cela les trompe estrangement: & puis il fait vne restriction heretique de l'Eglise vniuerselle, disant que c'est l'assemblee des Esleus. Or l'Eglise comprend tous fideles tant bons que mauuais, autrement c'est l'heresie des Donatistes & Nouatians, qui reiettoyent l'Eglise, en laquelle y eust aucun qui ne fust parfaict.

30. L'Eglise Romaine est vniuerselle, estant la cité neufue de Ierusalem descenduë du Ciel, & recueillant tous peuples à salut, de laquelle Abraham est participant auec tous les Saincts peres selon la foy, comme sainct Paul monstre aux Galates 3. & 4. chapitres. Et ceste mesme Eglise Romaine est pleine de Sainteté, & tous les fideles y sont sanctifiez. S. Paul parle de telle sainteté, quand il dit par tout *vocatis sanctis*, que ceux de Geneuë interlignent de ces mots appellez *pour estre Saincts*. Au reste ce sont additions qu'il met, qu'elle n'est exempte de pouuoir faillir, puis que sainct Paul la menace d'estre coupee. *Rom.* 11. Iamais n'en fut dit vn mot. Mais pour y respondre, cela est vray que localement & personnellement les fideles Romains pourroyent estre reiettez de Dieu, comme Ierusalem en a esté reiettee, si les portes d'enfer pouuoyent rien contre elle. Mais quelque part de tout le monde, que fust le sainct siege de S. Pierre, ce seroit l'Eglise Romaine. Carthage eust esté entre les Alarbes, si les Carthaginois s'y fussent transportez: mais nous affermons par Daniel le Prophete, que le regne des saincts. cha. 7. demeurera eternellement, là où iadis estoit la possession de l'vniuers sous l'Empire des Romains, cela est clair comme le iour en plain midy.

30. Pareille inuention sur l'authorité du Pape. Car

cela ne fut point agité en la façon, si ce n'estoit que du Moulin l'eust pensé dire, mais c'est qu'ils se donnent carriere. Cayer rendit cõfus du Moulin sur le Canon, *Si Papa dist.* 40. Il fut leu & veu, qu'il est question des mœurs, & non de la doctrine.

32. 33. Il renuerse pour plaisir ce qui fut traité le Mardy quatriéme de Iuin, & le faict auoir esté pris parauant, le second & troisiesme iour de la dispute ou conference, & cecy estoit le huictiesme. Car elle commença le Mardy vingt-huictiesme de May, qui estoit des Feries de la Pentecoste 1602.

34. A tous les blasmes qu'il attribue au Pape, il a esté respondu, que ce sont impostures manifestes: & il appert que du Moulin ne sçait, ny son Adaire, à quoy ils s'en doyuent tenir, discourans à plaisir, & confondans les mœurs auec la doctrine, estimans que les bonnes mœurs sont consequence de bonne doctrine. A quoy de nouueau (comme demande nouuelle) Cayer respõd, que S. Paul appreuue que Iesus Christ soit presché par emulation & enuie, & par ostentation. Mais tels vices sont directement opposites à la saine doctrine, il s'ensuit que la saine doctrine, & miracles mesmes peuuent consister auec vne irregularité de mœurs, en vn homme vicieux, nostre Seigneur l'approuue. *Plusieurs me diront en ce iour-là, Seigneur, Seigneur n'auons-nous pas presché en vostre nom? & faict plusieurs vertus en vostre nom: lors ie leur diray ouuertement, ie ne vous cogneus onques, departez-vous de moy ouuriers d'iniquité. Matth. 7.*

35. Sur le Canon *Dilectißimi* 12. q. 1. c'est impudence a voulu se demonstrer tout effrontément.

Premierement, parce que iamais il n'en fut parlé: n'est-ce

n'est-ce pas vne grãde vilennie? Secondement, il prend à la maniere de son heresie, vn poinct à la desrobée, qu'il pense estre plausible, pour charger le Pape Clement, d'estre Nicolaite, & auoir ordonné la communité des femmes, qui feroit oster le sainct Sacremẽt de mariage, & aussi introduire vne confusion horrible de libidinité & paillardise; A quoy les Saints Peres ont tousiours resisté. Mais sans rapporter la consequence que la glose fait de termes generaux, à la preuue de plusieurs autres Canons. Manifestement le passage s'explique de luy mesme, entant qu'il parle de la vie des Clercs, qu'il dit deuoir estre en commun à l'exemple des Apostres. Or est-il qu'aussi les femmes estoient de ceste communité Apostolique. Ioinct qu'au Can. *lex Continentiæ*, & au suiuant *dist.* 31. Il est deffendu aux Prestres & Clercs en ordre sacré, de delaisser leurs femmes. D'auantage, il y auoit des femmes, seruantes des Eglises: viuantes aussi en commun. Desquelles S. Paul parle. 1. *Tim.* 5. 9. Et aux Actes 6. il en est fait mention, soit qu'elles eussent maris ou fussent deuoüées, dont parle le Canon cy dessus.

Pour ces trois raisons, les femmes ont deu estre comprises en la communauté.

D'autre-part, la conclusion du S. Pere Clement au mesme Canon, au §. *Quapropter*, monstre bien que son sens n'est pas d'ordonner vn concubinage public, ny autre: Car il leur commande qu'ils ayent à se garder de tout scandale, & qu'ensuyuant les exemples des Apostres, ils s'estudient à l'intelligence des sainctes Escritures. Or les saintes Escritures sont contraires à toute lubricité: tant s'en faut donc, que le S. Pere Clement ait erré (parlant en homme) comme ils supposent. Il l'est auis à vn larron, que tout le mõde luy ressemble. Mais au contraire, le S. Pere Clement a parlé comme Dieu, & a monstré que les femmes ont pareil droit de communité Apostolique, que les hommes mesmes. Soit qu'on prenne passiuement, comme Porphyre l'entend, que les femmes soyent en la possession des hõmes, ou bien qu'ainsi actiuement nous entendions que les femmes ont aussi droit en toutes choses, selon la loy de nature. Mais pourquoy n'ont-ils regardé à la glose, puis qu'ils veulent alleguer le droit Canon. Laquelle dit, *Non quoad vsum carnalem, sed quoad obsequium vel quoad dilectionem* : qu'il n'entend pas que ce soit pour l'vsage charnel, qu'il a dit, que les femmes viuent en commun : Mais bien pour l'obeissance qu'elles doiuent, ou bien pour la dilection qui leur est deuë. S'ils alleguent, qu'ils peuuent prendre de leurs aduersaires ce qui leur sert, sans estre obligez au reste: A cela Cayer, respond, que ledit Canon n'est pas des controuerses, mais est vn estat certain de loix diuines, ausquelles il faut que tout le monde soit suject, en l'obeissance de nostre mere sainte Eglise.

Ainsi donc ceste allegation ne leur sert de rien, que pour monstrer leur intention de calomnier, à quoy perpetuellement ils s'addonnent.

36. Les merites des peres, seruent de faict aux enfans en mille generations, selon la Loy ; & la foy de S. Pierre est constituee de nostre Seigneur, exempte de toute erreur, & de tout defaillement.

Au reste la verité est telle, *si per impossibile*, vn Pape deuenoit heretique, il cesseroit d'estre Pape: tout ainsi que si vn homme deuenoit insensé, il ne seroit plus raisonnable. Car la forme essentielle du Pape, est d'estre Apostolique en la foy de S. Pierre, laquelle ne pouuant errer, partant que la personne errast: ce seroit comme vn homme, en ce sujet materiel d'estre hōme, & non en ceste forme d'estre Pape. Comme il auient aux insensez, de dire & faire beaucoup de folies en leur transport sensuel, mais lors ils sont desnués de la raison, qui est la vraye forme de l'homme en l'essence de l'ame, qui fait les discours raisonnables, par les organes de ses sens.

D'ailleurs cela est faux, que les Papes calomniez d'heresie, ayent cessé d'estre Papes, attendu que c'est calomnie.

Iamais aussi n'arriua à Cayer de dire, que le peuple puisse discerner de l'heresie. Et neantmoins posé qu'il l'eust dit, il se peut aisément entendre, par la relation du chef aux membres, qui sentent bien les defauts, qui procedent du chef en vn corp naturel: dont par mesme raison, aussi les membres spirituels en vn corps spirituel, ressentent bien l'erreur de la conduite, par l'analogie de la foy. Entendant aussi par le peuple tout le corps de l'Eglise, comme le Roy est le chef de tout son Estat, & Princes & Nobles Bourgeois, & tous autres y sont compris en leur degré. Ainsi l'Eglise mesme, & la noblesse, & le tiers Estat, sont mis d'vne part en ce terme de peuple: & le Pape est mis de l'autre part, en ce terme de chef. Or nul ne peut ignorer, qu'il n'appartienne aux gens de l'Eglise, de iuger des doctrines, & en decider. En ce regard les prestres faisans partie du peuple, iceluy peuple, par le moyē de ses cōducteurs, peut estant instruit par eux, discerner, si le Pape seroit heretique. Ce qui ne fut onques, & ne sera iamais par la grace de Dieu, qui est eternelle enuers son Eglise. Car autrement il n'y auroit point de certitude du salut.

37. Tant s'en faut, que iamais du Moulin ait esté interrompu, qu'au contraire, c'est le seul blasme qu'on donne à Cayer, par ceux de l'Eglise, qui l'ont veu, qu'il estoit trop patient, & ne s'esleuoit pas assez contre l'heresie.

38. Ce qu'il dit, que le mot de Messe est barbare, mostre qu'il ne sçait pas parler Chrestien : car toute la Chrestienté vse de ce terme, pour signifier le seruice diuin du Sacrement de l'Autel, & du sacrifice propiciatoire de la mort & passion de nostre Seigneur.

39. Le S. Sacrement de l'Autel est appellé Cene, par la continuité des trois actes de nostre Seigneur, estant aussi le S. Sacrement l'abregé de tous les sacrifices de la loy & de la nature. Tous les sacrifices de la Loy sont compris en la Pasque, sous les especes de chair & de sang. Tous les sacrifices de la nature sont compris en la Cene, sous les especes de pain & de vin. Car de tous les sacrifices sanglans, durant la Loy de nature, nul ne receuoit pour la cõmunion, sinõ que le pain & le vin, dont l'immolation auoit esté faite. Mais en la Loy, y auoit communion de chair & sang, & de pain & vin distinctement. Dont l'Euangile a fait la reduction en ces especes de pain & de vin, sous lesquelles est son corps & son sang, comme il le dit par les paroles sacramentales. Voila comme la Cene du Seigneur, est dite le mesme Sacrement: comme en cas pareil, sainct Paul l'appelle la Pasque des Chrestiens. 1. *Cor.* 5.

40. Les vniuersitez sont toutes fondées en la lecture, & exposition des sainctes Escritures ; & appert bien que du Moulin n'y a iamais mis le nez, d'appeller

la perfection Angelique, tant aux bons Anges, qu'aux mauuais (s'ils eussent perseueré) des questiõs esgarées, veu qu'elles sont necessaires, à sçauoir contre les Manicheens, & autres heretiques qui faisoyent les Diables mauuais, de leur propre creation. Aussi est-il necessaire, de sçauoir que Dieu peut faire vn hõme vierge pere, aussi bien qu'il a fait la sainte Vierge Mere de nostre Seigneur: afin que nous entendions l'vne & l'autre generation de nostre Seigneur en virginité inuiolable, l'vne de Dieu le Pere (la virginité luy demeurante asseurée) ayant produit sa sapience de son propre intellect: & autre de la sainte Vierge, ayant eu en elle Iesus-Christ, conceu du S. Esprit, auec toute integrité. Ce ne sont donc point subtilitez, que de la part des heretiques, qui les ont proposées: mais ce sont facilitez necessaires en l'Eglise, pour resouldre tous bons Chrestiens, contre les heresies.

43. La chair de nostre Seigneur est descenduë du ciel, formellement, d'autant qu'elle a esté conceuë par la vertu & operation miraculeuse du sainct Esprit. Et quant à sa diuinité, il ne faut pas douter, que nous ne la receuions auec son humanité, car elles sont inseparables. Et quant à la manducation, elle est reelle, & aussi spirituelle, d'autant qu'elle consiste en la propre substance du corps spirituel de nostre Seigneur, rendu participant de la propre nature diuine, habitante en luy en toute plenitude corporellement. Mesme Caluin l'aduoue, disant en son formulaire de sa pretenduë Cene: *C'est qu'en certaine foy, nous iouissons de son corps & de son sang, voire de luy tout entierement*: puis il adiouste, *comme luy estant vray Dieu & vray homme, est veritablement le saint pain celeste, pour nous viuifier.*

Il recognoit donc la reception de la diuinité, aussi bien que de l'humanité. En quoy il appert qu'en plusieurs poincts, du Moulin & les autres pretendus Ministres, se departent de Caluin, & le dementent, mesmes aux poincts substantiaux de la doctrine du salut. Mais l'Eglise recognoist la reception du Createur, en ses commandemens, disans: *Et ton Createur receüras, au moins à Pasques humblement.* Et n'est pas question de la mode de manger ou boire spirituellement; mais notamment il est parlé de la realité de la chair, & du sang, qui est la substance de la vie eternelle; dont les meschans ne sont participans; parce qu'ils les mangent indignement, ne discernant point le corps du Seigneur: qui est autant, comme de dire, ne croyans manger & boire que du pain & du vin: comme pensent les Caluinistes.

44. Nul de ces passages ne fut allegué par du Moulin, ny autre pour luy. Et pour y respondre en vn mot: Cela est vray que le chap. 6. Iean, ne parle pas de l'instruction de la saincte Messe, mais il en declare la croyance, & l'vsage certain de la manducation reelle & substantielle, du corps & du sang de nostre Seigneur. Et quant aux accidens qui pourroyent suruenir en la saincte Hostie, il ne touchent qu'aux especes, & nõ aux substances: mesme la glose du Can. *Qui bene dist. 2. de consec.* dit, que si nous disons, qu'vne souris prenne le Sacrement, il n'y a point d'inconuenient, car les meschans prennent aussi le Sacrement. Or est-il que l'homme meschant, est fait semblable à la beste & à la Iument, estant sans intelligence; neanmoins que la doctrine de l'Eglise est, qu'à l'attouchement de telles immondicitez, le Sacrement cesse d'estre Sacre-

ment. Comme il est dit, que les meschans le prenans indignement, prennent leur iugement & condamnation : qui n'est pas l'effect du Sacrement, mais tout le contraire.

45. Cela s'accorde tresbien, que nostre Seigneur s'offrit en la Messe par ses mains, pour mourir par les mains des iniques : Comme le dist Cayer. Et vne cauillation inepte de du Moulin, de dire qu'il soit mort deux fois: Car les moyens d'vne action, prennent leur denomination d'icelle.

46. Le Prestre offre Iesus-Christ, en memoire de sa mort, comme il luy est commandé : Et non pas pour mourir : car estant vne fois mort, il ne meurt plus, sinon comme il est mort dés l'origine du monde : mais il vit eternellement à Dieu. Neantmoins la memoire de la mort, ramene tousiours l'action d'icelle, tant en sa disposition comme nostre Seigneur l'auoit lors, comme en son efficace.

47. Iesus-Christ est le pain de vie, estant la perfection de toute essence quelcõque en soy: par eminence. Et n'est pas besoin que la perfection soit reduite à ce qui est imparfait: mesme cela est du tout contraire à la voye ordinaire de la nature, en toutes choses. Car toutes choses tendent à leur perfection. Comme il fut soustenu par Cayer : mais d'eleuer les choses naturelles à vne substãce supernaturelle, c'est l'œuure de la Toute-puissance, & la propre condition du sainct Sacrement.

48. C'est le blasme des pretendus Ministres, imputans à la modestie & patience de Cayer, par leur vaine iactance, qu'ils auoyent desia cause gagnee. Mais il leur monstra bien le contraire, comme il ap-

pert par le discours veritable, qui en est imprimé. C'est la façon des heretiques, de se glorifier de rien.

48. Cela n'est point blasphematoire, que les saincts Apostres soyẽt sacrificateurs eternels, puis que nostre Seigneur est sacrificateur selon l'ordre de Melchisedech. Item que nostre Seigneur a enuoyé ses Apostres, cõme son Pere l'a enuoyé luy-mesme: & encore tous fideles doyuent estre faits conformes au Fils de Dieu. Où est donc le blaspheme? sinon en l'audace aueuglee des heretiques, qui disent le blanc estre le noir, & le noir estre le blanc.

52. Tous ces passages & la contestation sur iceux iusques icy, sont fidelement rapportez au sommaire veritable imprimé par le sieur de Mauconuent. Mais cet article où il parle de Zacharie, ne peut estre passé soubs silence: Car il y-a nommément S. Luc chap. 1. vers. 6. *Tous deux estoyent iustes deuant Dieu, cheminans en tous les commandemens & ordonnances du Seigneur, sans reproche.* Les Ministres pretendus soubs le nom d'Adaire disent: *S. Luc dit seulement qu'il a cheminé deuant Dieu, & deuant les hommes sans reproche*, ceste allegation est faulse par addition, de ce qui n'est pas au texte en ces mots, *& deuant les hommes*: faulse par substraction, en ce qu'ils ont osté ces mots: *Tous deux estoyent iustes*, puis suit *deuant Dieu*: & apres ils ont osté, *Cheminans, &c.* Or c'est la force de l'argument de Cayer: puis qu'ils ont esté iuste deuant Dieu, ce n'est pas d'vne iustice humaine seulement. Et puis, qu'ils ont cheminé en tous les commandemens, &c. mesmes sans reproche. C'est donc à dire qu'ils ont accomply toute la loy. Il suffit pour monstrer qu'il n'est

pas

pas impoſſible à l'homme d'accomplir la loy de Dieu auec ſa grace. Ce qu'ils diſent que Zacharie a peché ne croyant pas, & en a eſté puni, n'implique aucune contradiction: car la queſtion eſt de la iuſtice de la loy, & non de la iuſtice de la foy. La diſtinction en eſt telle, que la loy eſt ſur les principes propres de la nature, & n'y a rien qui excede la capacité de l'entendement humain: Mais la foy eſt des choſes ſupernaturelles. Et pourtant, outre le liberal arbitre, l'intelligence naturelle, & la conſcience, il eſt beſoin d'vne lumiere plus ſpirituelle, pour eſtre capables des miſteres des reuelations Angeliques. Ce donc a eſté vn doute, & vne infirmité de foy, mais non pas vn peché: Car l'œuure de Dieu s'accomplit en infirmité: Or il ne s'accomplit pas en peché: Par conſequent l'infirmité n'eſt pas vn peché. Les autres paſſages cõcernent le genre humain en general. Mais la ſpecialité deſroge à la generalité en ceſte partie: Et en toute autre, où il y va de cauſe ſuperieure, & au general & au particulier, à ſçauoir de la grace de Dieu.

56. De tout ce qui eſt inſeré *de condition*, & du liure des indulgences de monſieur Bellarmin, & des ſatisfactions, il ne fut iamais dit vn mot, nõ plus que d'Ariſtote. C'eſt d'Adaire qui s'eſbat en ſes curioſitez: & tout ce qui ſuit des pardons de Rome, non plus n'en fut fait mention. Mais bien parla du Moulin, de certaines emplaſtres ou diſcours emplaſtriques, ſans aucune raiſon.

59. C'eſt vne rhetorique nouuelle, que ſans auoir parlé de poiſon, il ſe trouue qu'on redargue ledit du Moulin, comme ayant tenu tels propos. Mais il eſt poſſible, du poiſon en François, comme du venin en

Latin, au stile d'Adaire, que les medecines soyent *venena* parce que *per venas eunt*, Mais tout cela est la vanité ordinaire de ces discours à plaisir, & ce qui suit pag. 60. est vne pure moquerie.

61. Il appert clairement, que la iustice d'vn homme conuerty, satisfait pour ses fautes passées. Car le Prophete dit à la propre relatiō des Ministres pretendus: *Mais il viura pour sa iustice, à laquelle il se sera adonné. Ezechiel. 18.*

64. Le martyre est du don de Dieu, & oblige quicōque y est appellé, en vertu de ladite vocatiō. Mais il est question de l'obligation de la loy, qui n'appelle qu'à la vie. Le martyre prouient d'vne grace superabondāte.

68. La vie n'est nullement cōtinuelle auec la mort, non plus que la priuation n'est nullement continuelle auec l'habitude. Tout ce qui suit est de l'estoc du Moulin, & ne sont que des inepties.

76. La sacrificature est eternelle en Iesus-Christ, & par consequent aux saincts & à toute l'Eglise auec luy. Mais il faut distinguer, ce que iamais les Ministres pretendus ne voudroyent comprendre. Que la vraye sacrificature eternelle, substantiellement prise, est l'oblation de nos ames à Dieu en pleine vie, sans danger de mort ny d'accident qui y tende. Il y a aussi vne sacrificature eternelle accidentalement prise, qui est l'oblatiō de la mort auenue en la personne de nostre Seigneur: en vertu de laquelle la vie est re-acquise aux hommes, & la paix rendue à toutes creatures. Toutes deux sont d'eternel vsage, & en oblation de la premiere: & en commemoration de l'autre. Quant à la manducation qui se fait au ciel, elle est comme du pain des Anges: & la transsubstantiation s'y fait en

eux mesmes, à fin que de leur substance de soy corruptibles, ils soyent faits incorruptibles. Et nous sçauons que les dons de Dieu sont sans repentance; partant les Prestres & Docteurs demeurent en leur qualitez de Prestres & Docteurs au ciel : & comme les Apostres ont iugé par expres les douze lignees d'Israël en ce monde, aussi seront ils Iuges au ciel. Et se fait le vray sacrifice sans peché, dont la reconciliation n'y est subordinee que par accident ; & à fin qu'iceluy estant osté, l'homme soit deuant Dieu irreprehensible. En tout cela du Moulin n'a eu aucun auantage contre Cayer.

77. L'honneur des Saincts, est l'honneur de Dieu mesme, pour recognoistre que toutes les graces qu'ils ont receuës de Dieu, ne prouiennent que de la reconciliation que nostre Seigneur a faite du genre humain. Nous n'offrons donc pas l'Eucharistie pour eux, ny à cause d'eux : mais pour Dieu & à l'occasion des graces de Dieu enuers eux, & pour esperance de receuoir pareilles graces de Dieu : tellement que ce qui est dit en l'honneur des saincts, n'est pas pour submettre nostre Seigneur à eux : mais d'autant qu'ils sont faits participans de l'honneur de Dieu, il appert de ce que dit nostre Seigneur, Iean 12. Si quelqu'vn fait mon seruice ou Ministere, mon Pere honorifiera vn tel. Si l'argument de du Moulin est vray, disant : Celuy en l'honneur duquel vne chose est offerte, est plus grand que la chose offerte. Voilà ce qu'il dit par consequent, les saincts sont plus grands que Iesus Christ, si cela est vray. Voicy vne absurdité intolerable. Celuy qui honore vn autre, est moindre que celuy qui est honoré : Mais Dieu le Pere honore

celuy qui sert à nostre Seigneur. Donc le Dieu le Pere est moindre, que celuy qui sert à nostre Seigneur. Cela est il vray ? ho estourdis Ministres ! L'autre cõsequence est aussi fausse, la raison est qu'vn peut offrir à Dieu en l'honneur des saincts, en ceste condition, que c'est en l'hõneur de Dieu mesme: si c'estoit *determinate* au sainct, ce seroit offense: mais c'est pour referer à Dieu mesme. C'est aussi vne caption de la fin & de la cause finale, qu'il confond: la fin est l'vsage de la chose, la cause finale, est le project principal pardessus l'vsage mesme. I'en appelle à Melanchthon.

80. Le mot *d'imprimis* fut interpreté par Cayer, en l'ordre de la saincte Vierge enuers les saincts, dõt elle est la preeminente, & non pas par preferance: de la saincte Vierge enuers nostre Seigneur, voila ce qui fut dit: Et en cela se monstre d'Adaire de mauuaise foy, en faisant vne telle responce.

81.88. Tout ce recit n'est qu'vne vanterie fort vaine & fausse, ne restãt que le suject propre de la question à vuider, qui est pa. 84. où le Ministre pretẽdu du Moulin, parlant par Adaire dit qu'il n'y a commandement ny exẽple de l'inuocatiõ des saincts, mais au cõtraire, ce qu'il defend par *Ro*. 10. *v*. 14. *Mat*. 11. *v*. 28. Ces passages là, monstrent bien l'indigence des pauures Ministres pretendus. Car ils ne sont pas formels, ains tout ce qui s'en peut tirer, n'est que par consequence. Au premier il y a, comment inuoqueront-ils celuy auquel ils n'ont point creu? Il s'ensuit que les saincts ne peuuent estre inuoqués: Pource qu'on ne croit pas en eux. Or cela est faux. Car nous croyons les saincts, & aux saincts, & en les saincts. Comme nous croyons Dieu, qu'il est, nous croyons à Dieu, qu'il dit vray:

nous croyons en Dieu, qu'il a le pouuoir de faire ce qu'il dit. Les saincts sont, les saincts sont veridiques, les saincts ont pouuoir de condamner ou d'absoudre. Ceste argumentation Ministrale est du tout insolente & inepte, & par icelle se prouue le contraire manifestement.

L'autre passage est, Venez à moy vous tous qui estes chargez & trauaillez, & ie vous soulageray. C'est Iesus-Christ, qui parle. Dont c'est à luy non aux saincts, qu'il se faut adresser. Pour response. Iesus Christ dit, qui oyt les Apostres il m'oyt. Comme mon Pere m'a dispose le Royaume, ainsi ie le vous dispose. Non seulemẽt ie vous prie pour eux: mais pour ceux qui croiront en mon nom par eux. Il s'ensuit que les Apostres sont ordonnez de nostre Seigneur, pour aller par eux à luy. Et ainsi est confirmée la doctrine de l'Eglise Catholique, laquelle les Docteurs ne desguisent point, quand ils disent que nous sommes addressez à Iesus Christ par les saincts, comme par Iesus-Christ, mesme nous sommes adressez à Dieu: Nous disons & affermons que ceste doctrine est veritable, parce que l'escriture nous le dit: Et que mesme les saincts, feront de plus grandes choses que nostre Seigneur n'a faites, d'autant que la nature humaine n'estoit pas encore exaltée au throne de Dieu, tandis qu'il estoit en terre: Mais depuis son Ascension au ciel, la nature humaine a esté glorifiée: dont ses seruiteurs ont fait les effets. Les pauures Ministres ignorans, ne seront iamais que des bestes.

89. Les satisfactions des saincts, pour nos pechez, sont telles que Iob satisfaisoit sacrifiant pour ses enfans: Et ainsi ont les saincts celebré le sainct sacrifi-

ce de la saincte Messe, pour en reconcilier les hommes à Dieu. En apres comme S. Paul a supplée en ses souffrances, ce qui defailloit pour le corps de nostre Seigneur, qui est son Eglise. En troisiesme lieu, leurs bonnes œuures redondent à salut enuers toute l'Eglise. Et quant à la Vierge saincte, elle a brisé la teste du Serpent, en-tant qu'elle est la vraye semence de femme. Comme l'homme est la semence de l'homme, selon l'ordre de nature. Et c'est ce qu'il faloit necessairement, pour oster la coulpe pretenduë par Adam, sur la nature de la femme: à laquelle il imposoit l'occasion de sa faute & ruine. Or c'est pour monstrer encore qu'on lust *ipsum*, referant à *emen*, tousiours la semence de la femme c'est vne femme, & non pas vn homme. C'est vn poinct notable sur tous.

92. Cayer produisit la Bible, qu'il auoit promis: & outre l'ignorance que monstra du Moulin, de la langue Hebraique: Il y a dequoy les mespriser & d'Adaire & luy, de ce que mesmes ils ne sçauent pas discerner Sanctes Pagninus, de quelle nation il estoit: veu que par expres il estoit Italien, & non pas Hespagnol. Iugement facile à faire d'eux au reste.

93. De tout temps les religieux Nazariens Carmelites & Rechabites, ont faict les œuures de supererogation, telles que descrit l'Apostre S. Paul aux Hebr. 11. habitans aux cauernes & spelonques de la terre. Là où il ne peut auoir parlé des autres ordres que nous auons en la Chrestienté: Car la verité est telle, qu'ils n'estoyent encore soubs les tiltres differens. Mais estoyent aux Apostres eux mesmes, viuant auec vn renoncement vniuersel, en la communauté de l'Eglise, là où nul ne disoit rien estre sien. La fondation

de la vie reguliere depend des Apostres. Sainct Iean Baptiste a aussi fait semblable profession, luy & ses disciples ieusnans, ne mangeans ny beuuans, vestus de poils & autres telles austeritez comme leur maistre.

94. Cayer pour monstrer que Iesus-Christ vse de son plain pouuoir dit, en S. Iean, parlant de soy : qu'il ne priera point le Pere pour eux, d'autant que le Pere les ayme : Et aussi qu'il leur promet de faire luy mesme, ce qu'ils luy demanderont. Ioint que toute puissance luy est donnée tant au ciel qu'en la terre. D'autre part, il a ordonné le sainct Esprit, pour paraclit, & consolateur en sa place, & pour Aduocat, orateur & mediateur pour les saincts. *Rom*, 8. par gemissemens inenarrables.

96. Les saincts sont tellement amis de Dieu, qu'ils ne sont pas ennemis des hõmes, & tellement haissent les vices des pecheurs, qu'ils ne laissent pas d'aimer les personnes. Et n'est pas dit, que nostre Seigneur abandonne les pecheurs, iusques au iour du iugement dernier. Car en quelque heure que le pecheur gemira, Dieu est prest de luy pardonner : par consequent les saincts seront enclins à prier Dieu pour le pauure pecheur, & s'eiouiront de sa conuersion: comme font les saincts Anges.

97. Iamais ne fut parlé de tel syllogisme, d'Adaire s'equiuoque pour le syllogisme tiré de Daniel le Prophete, comme il est dit au sommaire imprimé touchant la consommation du sanctuaire par la mort du Messias : mais puis qu'ils en demandent vn sur ceste matiere : le voila, suyuant le passage. *Hebr*. 12.

Tous ceux qui viennent à Iesus, mediateur de la nouuelle alliance, obtiennent benediction, & sont sauues.

Tous ceux qui viennent à l'assemblee des premiers nez, & aux esprits des iustes sanctifiez: viennent à Iesus, mediateur de la nouuelle alliance.

Doncques tous ceux qui viennent à l'assemblee des premiers nez, & aux esprits des iustes sanctifiez: obtiennent benediction, & sont sauuez.

S'ils debatent que ie ne dy pas, qu'ils ayent foulé Iesus-Christ aux pieds. Ie respon. Que tout peché commis contre le fils sera pardonné. Item que le cas du texte est proposé sur tout pecheur paillard ou profane.

Or tout hõme profane foule Iesus Christ aux pieds, & par consequent: Si vn profane, comme Esau cõme dit l'Apostre apprehendant l'Euangile, qui est de se recognoistre en l'assemblee des saincts, obtient benediction & trouue lieu de repentance: tout hõme quiconque ayant esté profane, retrouuera encore ceste mesme grace en l'Eglise: comme il a esté dit.

D'ailleurs que ce ne soit la gradation de l'Apostre, il appert par la lecture du passage: où Iesus est nommé le dernier, comme estant le terme, auquel il faut reduire les propositions precedantes. Et partant il appert qu'en cela Cayer est deschargé du blasme, que luy impute du Moulin à tort; ou d'Adaire pour luy, d'auoir tronqué le passage. Car il fut leu tout au long.

99. Cayer soustient que ceste femme la veuë en l'Apoc. 12. ne peut estre, l'Eglise: que ledit du Moulin ne tombe en vne grande extremité, pour luy: à sçauoir

que

que donques l'Eglife en corps a enfanté vn homme qui commande à toutes nations; & qui eft ceft homme, finon noftre fainct pere le Pape? Ce que du Moulin n'accordera pas volontiers. Toutesfois la verité eft telle, qu'entre les generations fpirituelles de l'Eglife, nulle creature n'a efté produite, que cefte perfonne là, qui eft le fainct Pere: ou bien s'il ne veut auoüer la production fpirituelle de l'Eglife, en la perfonne de noftre Seigneur, il faut qu'il acquiefce à ce qu'a dit Cayer, que cela s'entend de la Vierge Marie, qui a enfanté noftre Seigneur, &c. Quant à la femence de la femme, nous fommes la femence d'icelle: nous Catholiques vrais Chreftiens, engendrez & faits enfans de Dieu, par Iefus-Chrift noftre Seigneur, qui eft l'vnique fils de Dieu.

100. Le terme de benir eft general, le terme de confacrer eft d'vne benediction fpeciale. Et fe rapporte à l'intention pour laquelle on benit. Si c'eft pour l'vfage ordinaire de la table, c'eft pour fanctifier les viandes: fi c'eft pour le fainct Sacrement de l'Autel, c'eft pour confacrer les efpeces au corps & au fang de noftre Seigneur. Mais ce feroit confondre de reduire le miracle en Sacrement, ou le Sacrement en myftere, ou le myftere en ceremonie: ains pluftoft comme la cerimonie porte en elle, la reprefentation du myftere, auffi le miracle porte en foy la reprefentation du Sacrement. Mais le miracle n'eft pas Sacrement. Cefte reprefentation eft telle, que le miracle ayant eu en foy, la vertu de multiplication pour les pains, monftre euidemment, que celuy qui a fait cefte multiplication au miracle, a le mefme pouuoir de faire la transfubftantiation au Sacrement.

101. Cayer ne rejette rien, de ce que l'Eglise met, fait & ordonne: il est fils d'obeissance. Et l'Eglise aussi suit en tout le vray sens orthodoxe de la foy, disant: *qui sera respandu*. D'autant que c'est à quoy se refere necessairement l'immolation, qu'en faisoit nostre Seigneur, par ses mains, sans laquelle immolation, il ne seroit pas nostre Pasque, comme il l'est, suyuant ce que dit sainct Paul. 1. *Cor*. 5.

102. Si les ignorans, qui s'esbahissent des mysteres Chrestiens, auoyent sentiment de leur ignorance, ils cercheroyent à se faire instruire, sans s'esleuer par contradiction. Nostre Seigneur a donc vrayement & reellement rompu son corps, & respandu son sang, soubs les especes, pour estre la communion de son corps, & de son sang Sacramentalement: Et neantmoins son corps n'a point esté rópu en ses os. Mais ouy bien, par solution de continuité en sa chair, dont neantmoins la substance est demeuree en son entier. Car la substance est en soy-mesme, veu qu'elle ne reçoit plus ny moins, ce que mesme les philosophes ont bien cognu. Au reste de mesme en la saincte Messe, la fraction du pain, & l'effusion du vin, *In ora fidelium sacerdotum*, est tousiours fraction vraye & effusion, mais c'est aux especes, & cependant la substance du corps demeure sans lesion, & le sang demeure en soy-mesme sans effusion. Car il faut distinguer perpetuellement l'immolation du crucifiement, estant de differente action, de diuers moyen, & de particulier effect. Dont l'vn sans l'autre ne pourroit estre sacrifice nullement, selõ la loy des sacrifices, baillee de DIEU par MOYSE, laquelle nostre Seigneur a accomplie. Que les ignorans Ministres pretendus ayent à s'esbahir pour admirer, & en

admirant adorer, & non pas s'estourdir, pour contredire, & blaspliemer sur ce que l'on n'entend pas, comme font les pretendus Ministres.

103. Nous tenons & suyuons la doctrine du sainct Pere Innocent 3. Et de cela Cayer a suffisamment monstré, ce qu'en disent les saincts Peres tous conformément: en son vray orhodoxe du S. Sacremet, sur les absurditez pretendues au nombre de 13. (que du Moulin ne dist iamais lors, ains il les a compilées depuis) Cayer les ayant veuës respond sur la premiere. Que nostre Seigneur n'a point deux corps par le moié de la transsubstantiation, l'vn rompu & l'autre rompant: Car c'est le mesme corps, consideré mistiquement par effect supernaturel. Sur le 2. la mesme response y eschet, que c'est vn mystere, & que le tout y est supernaturel en la façon qu'il se fait. En 3. c'est encore le mesme estourdissement, d'attribuer au Sacrement vne simple condition naturelle; veu qu'il y va d'vne operation vrayement diuine & toute surmontãt la nature. En 4. les accidens sont sans leur propre suject, qui seroit la substance du pain: Et se soustiennent ainsi: Mais non pas sans estre soustenus diuinement, tout ainsi que la nature humaine que nostre Seigneur a prise, ne se soustenoit pas d'elle mesme, mais estoit soustenuë de la diuinité. En 5. l'Hostie en espece est ronde, mais la substãce est le corps de nostre Seigneur: du Moulin veut reduire la substance aux accidens, comme qui diroit d'vn homme noir de poil, qui a vne ame humaine, qu'il s'ensuit donc que l'ame d'vn tel ou mesme la substance corporelle d'iceluy est noire de poil. En 6. cestuy il est ridicule, & le faut renuoyer à Anaxarque Philosophe contre Nicocreon,

Qui diuisoit l'Anaxarque de son corps, par imagination. 7. Tant le sang du Calice consacré, que le corps qui est l'Hostie cõsacree l'vn & l'autre est nostre Createur : tout ainsi & ne s'en fait distinction, que par le mystere de la passion que nostre Seigneur a soufferte, en la nature humaine & suyuãt son institution. En 8. Ce n'est pas absurdité de boire la chair en la substance : car elle est faite de sang, & est disposee à estre sang par resolution, suiuant la regle des Physiciens. En 9. C'est vne volontaire ignorance, & digne du fouet, de ne discerner, que la substance ne reçoit aucune quantité. En 10. Le mesme est il, des qualitez ou figures ausquelles la substance en soy, n'est non plus sujecte que la quantité. Autrement il faudroit que tout ce qui a substance ne fust que d'vne mesme figure. En 11. La mesme regle est de la Circonstance du lieu, le predicament *vbi* est de mesme reglement enuers la substance, que les autres. 13. Tout ainsi que la lumiere de soy fait tout lucide, & si n'est en soy riẽ de lucide, ainsi en est il de la blancheur, qui fait tout chose où elle est blanche, & si la blancheur n'est rien de blanc. L'equiuoque est en ce mot de rien, qui en françois signifie, *quelque chose*, comme aussi en Latin & signifie aussi *nulle chose*, selon l'intention du diseur. *Nihil* signifie qu'il n'y a point de suject coloré. Car le corps de nostre Seigneur, ne reçoit pas les qualitez ny les accidens du pain, dont la substance est trans-substanciée en iceluy corps de nostre Seigneur. Cõbien qu'il les soustient par sa toute puissãce chacune en son espece, par la mesme vertu que tout est d'vne seule matiere, de rien. L'Eglise n'est riẽ accrochee pour cela. Mais la vaine iactançe de l'heresie, fait tous les heretiques temeraires & exorbitãs.

107. Quant aux inconueniens, ils ne peuuent attaindre aucunement à la substance, ny par voye naturelle ny par acte supernaturel. Et n'est point besoin de supposer la toute puissance de Dieu pour cela. Car mesmes és choses naturelles, iamais la substance des choses ne deperit. Mais qui est aueugle, qu'il se creue encore les yeux d'auantage. Et s'il est question d'exalter ceste puissance, qui sont ceux qui la recognoissent mieux? ou ceux qui attachent l'humanité de nostre Seigneur au ciel, sans que luy qui est Dieu tout-puissant en puisse disposer à toute heure, pour ne l'exhiber presentement, & la communier à tous fideles, en chacun Sacrement de l'autel; ou ceux qui afferment la verité de ses paroles Sacramentales, auec leur pleine efficace de sa presence reelle, là où il dit que son corps est.

110. Le fruit de vigne, est dit du calice de la saincte Cene, & non du calice de la Messe; ou bien il auroit deux fois vsé du calice en la celebration de la Messe (& si du Moulin, debatoit de la Cene pretendue) que ce fut en la Cene) Ce qui est absurde, & ne le fait mesme par les pretendus Ministres.

111. La Pasque estoit vrayement l'Agneau, ayant passé le pas de la mort & donnant passage de vie. Et la peine estoit vrayement le Christ, pource qu'il en contenoit la substance. Et l'effrontée impudence, est en ce, qu'ils veulent que nostre Seigneur ait esté astreint à parler selon leur sens.

112. Quand il est dict *significante mysterio*, c'est au regard de la substance de son corps, qui est là où les paroles le disent: à sçauoir soubs les especes du pain, & du vin: veu que lesdites especes ne sont point cha-

gées. Et necessairement la substance est transsubstantiée, autrement les paroles Sacramentales ne contiendroyent pas verité. Mais elles la contiennent & en tout efficace vertueuse de la Toute-puissance diuine.

114. Par les termes *hoc*, le corps est demonstré, comme quand nous disons, *hic* ou *ille est homo.* Il ne demonstre pas autre chose que l'homme qu'il dit. Ce sont questions scholastiques, dont les Ministres pretendus ne sceurent iamais rien: Ce n'est donc pas vn vague par assertion; Mais il se propose ainsi par obiection, en façon de dialectique. Dont le terme quelconque qu'il soit precedent la verbe & s'appelle le *prædicatum.* En chacun art il y a vn style propre & phrase peculiere, dont la Theologie rapportant l'vsage en prend ce qui luy en est necessaire, & se l'adapte à l'imitation des premiers autheurs des disputes & controuerses: pour soustenir la verité contre les heresies.

115. Aux absurditez alleguées par du Moulin, fut dit par Cayer, qu'il monstroit bien ne sçauoir pas que c'est à dire *espece*, nullement. Quand il pense que cela ne signifie que les accidens, & au contraire, espece signifie la forme & apparence exterieure des choses. Comme *Genre* en signifie les Idées. Estant par expres ces deux termes distinguez & mesme diuises, des differences & des proprietez, & des accidens tant separables qu'inseparables. Selon donc l'espece, le pain & le vin, sont tousiours pain & vin, (Et selon la Cene mesmes) & ont leurs accidens & leurs differences: Mais n'ont plus leurs proprietez substantielles, ains seulement les specifiques, d'autant que l'espece de-

meure, mais leurs ſubſtances ſont trãſſubſtantiées: En la ſubſtance du corps & du ſang de noſtre Seigneur, & en ont les proprietez ſubſtantielles, mais non pas les ſpecifiques, autrement il faudroit, que la reſplendeur de l'immortalité glorieuſe y reſplendiſt exterieurement en eſpece. Ce qui ne ſe fait point.

117. 118. Ce ſont diſcours, Cayer n'a parlé qu'à propos de ſa bonne conſcience, ſur ce que du Moulin luy cuidoit impudemment faire accroire, qu'il auoit autre choſe en l'ame, que ce qu'il diſoit de bouche. Mais d'Adaire ne dit pas, que ceſt honneſte perſonnage, qu'il allegue auoir dit à Cayer, qu'il ſe purgeaſt ſur le bruit de la ville, qu'il luy euſt eſté defendu de ſigner: qu'iceluy dy-ie, eſtoit vn Miniſtre, ou qui l'auoit eſté, & qui euſt peu mieux enfoncer vne queſtion, que ne ſçauront iamais faire du Moulin, la Faye, Louperrant ny autres, que i'aye iamais cognus dans la bonne ville de Paris, à mon tres-grand regret. Qui ne void la cauſe de ceſte diſſimulation, c'eſt ſans doute, qu'ils taſchent de l'amadouër, de peur qu'il ne les baffouë, comme il fera quelque iour, Dieu aydant.

119. De meſme diſſimulent ils, le nom de Cayer qui fut celuy ſeul qui aſſura le religieux Carme. Mais ſa peur auſſi, eſtoit iuſte. Car il y en auoit à qui les mains demangeoyent, & le bruit en eſtoit grand.

121. Les ſacrifices anciens auoyent la meſme vertu, que le ſacrifice de la ſaincte Meſſe. Mais c'eſtoit *ex opere operantis*. Non pas *ex opere operato*. Et puis il eſt queſtion, de la fin pour laquelle les vns & les autres ſe faiſoyent, qui eſtoit la remiſſion des pechez & la

reconciliation, laquelle fin est du tout *in vtrisque* egale, & du tout semblable. Quant à l'ironie d'Adaire & autres sur ces mots, qu'il dit, que Cayer dist, qu'achepter du bois, pour se chauffer, auoit mesme vertu, que se chauffer, Cayer a dit encore lisant cest endroit, qu'il le soustient ainsi, suyuant son syllogisme, que la mesme vertu est portee de l'vne action à l'autre. Adioustant comme il adiousta aussi, en l'intention de l'agent, qui est la fin à laquelle se referent l'action d'achepter du bois, & l'action de se chauffer. Et puis d'ailleurs, ledit du Moulin, fait vn paralogisme, en ce qu'il prend, *porte la mesme vertu*. Pour auoir la mesme vertu en effect. Or ce sont termes differés. Car l'effect depend des deux actions conioinctes & non pas separees, comme il le prend par ignorance, & l'efficace depend d'iceluy effect vniquement. Celà est aisé à reduire au propos, des Sacremens: dont l'effect n'est ny en l'immolation sacree, ny au crucifiement à par soy, mais en toutes les deux actions ensemble. Tellement que l'immolation du pain & du vin, ne seroit pas sacrifice propitiatoire de soy, s'il n'estoit referé à la passion de la Croix: ny la passion, & mort soufferte ne seroit pas en reconciliation, si ce n'auoit esté auec l'immolation des especes. La raison est, que telle est la loy des sacrifices. Et la raison de ceste raison, est que pour monstrer l'efficace de la vie, par le moyen de la mort, il faut qu'il y en ait des signes nourrissans par la consommation d'eux mesmes, dont l'effect est en leurs substances, quant à la vie presente. Et l'effet aussi en est aux substances du corps, & du sang de nostre Seigneur, quant au salut de l'ame. Quant à la risée, qu'extolle de louanges ledit d'Adaire, comme si c'estoit c'estoit vne chose bien faite, de se moquer d'vn bon propos: Cayer aduouë que les pauures abusez des pretendus Ministres, vrais maistres de gausserie, s'en moquerent: mais non la compagnie, qui estoit d'autre part de tresbons Catholiques, qui ont approuué & approuuent tout ce qu'à dit & fait ledit Cayer. Et si les docteurs venerables de la faculté y ont soubs-signé.

122. Le sainct Baptesme est bien correspondant à la Circoncision, en qualité & tiltre de Sacrement, mais non en l'action de les administrer. D'Adaire monstre la confusion de son iugement, de tirer le terme d'actiõ en consequence. De mesme pour la Pasque & la Cene du Seigneur, dont l'vne est toute differente de l'autre. Et puis ayant pris les noms des choses pour les actions, il fait maintenant combatre les actions l'vne l'autre. Mais c'est la belle discretion de gens estourdis, qu'ils sont. Tout ce qu'il allegue au reste, ne sont que circonstances des temps & des personnes. Neantmoins tout Baptesme quelconque est administré au huitiesme iour, à tout enfant naissant, & à toute personne venuë en aage d'entre les infideles, pour estre faite capable du nom Chrestien. Parce que c'est le iour de la regeneration, auenuë par effect en la resurrection de nostre Seigneur, dont la Circoncision estoit vne figure, & le Baptesme en a en soy l'efficace. La Pasque aussi estoit faite par eleuation, d'autant que c'est la loy des sacrifices. Or elle est sacrifice. *Exo.* 14. par immolation, nonobstant qu'elle ne fust celebrée par les chefs & peres de familles: d'autant qu'ils estoyent aussi par expres, selon la loy de nature, les Patriarches de leurs gens, ayant droit de sa-

crifice, & par l'expres commandement que Dieu leur en fait par Moyse.

124. Nous disons mesme, ce que nous auons desia dit, que la Passion de la Croix, ne seroit pas vn sacrifice, s'il estoit separé de son immolation : Veu que telle estoit la loy des sacrifices.

126. En ceste page 126. le Ministre pretendu du Moulin, dit & declare, qu'il cede au docteur Cayer, de toute la dispute qu'ils ont eüe ensemble, & qu'il luy donne gagné, si & partant que ledit Cayer monstre, que le *vau* des Hebrieux, qui est vne conionction copulatiue, se prenne pour la conionction causale, *car*.

L'occasion pourquoy ledit du Moulin defere cela audit Cayer, c'est d'autant que Cayer a allegué le passage de Genese 14. ver. 18. où il y a, parlãt de Melchisedech au Latin, *Erat enim sacerdos Dei altissimi*. Ceux de Geneue ont tourné, *Et iceluy estoit sacrificateur du Dieu souuerain* : voulant oster ceste ætiologie & reddition de cause & raison pourquoy il eſt dit, *que Melchiſedech auoit offert pain & vin.* Combien donc, que ledit Miniſtre pretendu debaſtit fort, que *proferre* ne ſignifie pas *offerre*, neantmoins il ſe void pris, parce qu'il y a *Car il eſtoit ſacrificateur de Dieu ſouuerain.* Pour ſe cuider ſauuer, il veut dire, que le *vau* ne ſignifie pas *car*: conionction cauſale, mais ſignifie & conionction copulatiue: par-tant il ſe ſoubs-met, que ſi Cayer luy en peut produire quelques autres paſſages, où le *vau* ſoit pris *cauſaliter*, pour *car*, & non pas *copulatiue*, pour *&*: par neceſſité en cela il ſe condamne & acquieſce que Cayer a gagné, & ledit du Moulin ſe confeſſe vaincu. Cayer donc, remonſtre à tous ceux & celles qui ſe laiſſent abuſer par les Miniſtres pretendus, combiẽ leſdits Miniſtres pretendus ſont outre-cuidez, que penſans faire des entendus, ils n'apperçoyuet nullement ce qui eſt deuant leurs propres yeux: & en liſant ils ſont ſi aueuglés de leurs erreurs, qu'ils ne peuuent discerner, ce qu'ils font semblant de cercher ailleurs. Voicy l'experience manifeste.

C'est qu'au mesme cha. 14. ceste mesme conionction *vau* Hebraïque, est mise pour causale, & non pour copulatiue. Car il y a au ver. 13. *Hi enim pepigerant fœdus cum Abram.* Or l'Hebrieu porte, *vehem baale berith Abram, quia ipsi Domini (erant) fœderis Abram,* Et *ipsi*, faudroit-il dire du sens de Geneue: Mais la raison y repugne, car il est signifié là tacitement qu'Abram demanda secours à *Mambrè, Eschol,* & *Aner*, trois Princes Amorrheés. Et la raison pourquoy il leur demãdoit secours: Il la rend, disant: *Car ils estoyent Seigneurs d'alliance auec Abram.* Le terme Grec a mis *οἳ ἦσαν συνωμόται τοῦ Abram, qui erant confederati Abram.* Ils l'ont resoult par vn article subiunctif, lequel a la proprieté de la conionction eriologique & cauſale entre les Grecs : comme entre les Latins *quod* ſe prend, *cauſaliter.* Vatable a mis par vn relatif, *qui pepigerant fœdus cum Abram.* Mais on a veu edition portant *quia.* Et conuiendroit mieux, attendu que *hem* eſt pluſtoſt pronom demonſtratif que autre. Combien qu'il eſt affixe & relatif le plus ſouuent.

L'autre paſſage que produit Cayet, eſt au 20. de Geneſe verſ.12. où il y a, *vegam achothi bath abhi hi.*

Le Grec dit καὶ γὰρ ἀληθῶς, &c.

Ce que Vatable a mis transpoſant, *nam filia patris mei ipſa eſt* (*ſupple.*)

Proprement c'eſt *etenim*, tant ſelon le Grec καὶ γὰρ, que ſelon l'Hebrieu, *vegham.*

Cela ſuffiroit en plus grande importãce : mais encore pour la neceſſité qu'il demande au chap.14. de Gen. au verſ 30. il y a *vechillah barahab æth col haarets.*

Consumptura est enim fames vniuersam terram proprement de mot à mot. *Nam consumpsit (pro, consumpserit) fames vniuersam terram*, le Grec dit, καὶ ἀναλώσει ὁ λιμὸς τὴν γῆν. Mais le sens monstre, que c'est la raison du verset precedent, *qu'on mettroit en oubli la grande famine.* Voyla comment, outre les raisons pregnantes de la doctrine Catholique, ils sont conuaincus, par les simples textes de l'escriture saincte: à laquelle ils font neantmoins semblant de se vouloir tenir: ils sont conuaincus par leur propre soubsmission d'eux mesmes: dont la gloire en soit à Dieu, qui est le donateur des victoires. Et quand bien ils argueront de *vau* plus auant, nous leur apprendrons, s'ils ont desir d'entendre, qu'il y a *vau chibbur*, qui est le copulatif: il y a aussi *vau hippuk*, qui est le conuersif: il y a encore *vau kidemuth ou Mikkedem*, qui est l'aduersatif: Il y a encore le *vau sibbath*, qui est le *vau* rational, ou causalement pris: comme nous le disons en tous les susdicts passages.

Outreplus, toutesfois & quantes, que le *vau* est mis par copulatiue, la clause precedēte doit estre de mesme subiect & discours, en la proprieté de la phrase. Comme, *si custodierint filij tui testamentum meum, & testimonia mea hæc quæ docebo eos.* C'est ce qu'Hermogene orateur, & Rheteur Grec a nommé, *tautotes idemtitas:* Idemtité de propos. Soit en nom ou en verbe. Mais si le propos change, alors est *alloiosis, alternatio*, alternatiue signification de ceste diction καὶ *cai* en Grec. Comme nous disons en Latin, *Si pro quia.*

Et pour fin mesme, le terme de *hotsi* en Hebrieu, προσφέρειν en Grec, *proferre* en Latin, signifie offrir. C'est *vis præpositionis (pro) quæ extensionem significat.* Mesmes *hotsi* faire sortir, c'est pour signifier le mystere sacré des pains reseruez, cõme *les pains de proposition*, qui est à dire pains *d'oblation*, d'autant qu'ils estoyent aussi offerts. Nous auons donc *confitentes reos*, graces à Dieu : & du Moulin & d'Adaire confessent qu'ils sont vaincus. Plusieurs autres passages sont en l'escriture, qu'il n'a pas esté necessaire d'alleguer.

127. D'Adaire & son du Moulin, sont de fins niays, qui ont escorché de l'impression du sieur de Maucouuent, ce qu'ils ont pensé propre à leur honneur, pour respondre de l'excellence de Melchisedech. Mais ces finesses sont trop grossieres. Du Moulin, demeura tout court.

128. Les sacrifices des bestes, n'ont iamais esté agreable à Dieu, d'eux-mesmes : mais seulement pour la figure qu'ils representoyent du Messias, l'Agneau sans macule, nostre Seigneur Iesus Christ. Mais la saincte Messe a esté dés le commencement du monde, agreable à Dieu, portant en elle l'hommage de la vie, sans sujection de mourir. C'est pourquoy nulle mort, n'estoit offerte sans l'immolation de la vie, aux signes de pain & de vin, ausquels est la vie. Cela est clair en Moyse.

129. Les peintres peuuent estre iuges competens, si des tableaux, tirez l'vn de l'autre, sur vn original, ne sõt pas à la verité, tableaux du mesme original susdit. Or

Or l'original de la Messe, & la verité d'icelle est l'oblation du Fils par soy-mesme enuers Dieu son Pere, dés le commencement ou origine du monde, & le sacrifice de la Croix, mesme en soy n'en est que la figure exterieure quant au corps humain de nostre Seigneur. Representant la verité interieure, de l'oblation de sa diuinité propre en sa personne: sans laquelle sa mort n'auroit esté meritoire que pour luy-mesme à tout par soy: enuers son corps, & non pas pour le genre humain. Et celà est tresbien entendu, non seulement par l'Epistre aux Hebrieux, mais aussi par toute l'escriture saincte: Sur le poinct des sacrifices mesme en l'effusion du sang & exposition de la vie, qui estoit ainsi necessaire à offrir pour reparer la faute de l'homme, qui s'estoit voulu en icelle conseruer & maintenir, au lieu d'en faire la foy à Dieu, comme autheur d'icelle.

130. La Messe a esté sans consecration, deuant que nostre Seigneur l'eust instituée en son corps & en son sang, soubs les especes du pain & du vin: & y peut estre encore à present, quand on la dit sans consecration, que le commun vsage est d'appeller Messe seche. Encore que les heretiques s'en moquent. Et peut estre vne figure, la chose mesme qu'elle figure: estant prise en son droit sens. Comme le Sabbath est figure de repos, & neantmoins est le mesme repos, ayant en soy les deux termes impliqués, qu'il est signe sans signe, il est aussi figure & verité, tout ensemble. La Messe de Melchisedech, a esté figure de la messe de nostre Seigneur, en ce que miraculeusement par oblation du pain & du vin, il a recognu la foy & l'hommage de la vie presente & aduenir, appartenant à Dieu,

La verité eust esté, que Melchisedech se fut offert soy-mesme tout en vie, pour se consacrer à la mort : s'il en eust esté digne. Il n'y a eu que le Messias, qui ait peu auoir ceste dignité: à sçauoir pour appaiser Dieu.

131. Cayer ne s'est oublié de rien, disant qu'Abel a dit la Messe, & neantmoins que la Messe a esté reuelée à Enoch: D'autant que l'oubliance de ce deuoir de dire la Messe, auoit surpris le genre humain par la malice du diable: dont Enoch a esté le restaurateur, cheminant selon Dieu, estant mis en exemple de penitence aux nations. *Ecclesiast*. 44. 16.

Toutes les loix quelconques ont leur fondement en la nature, combien que Dieu en soit l'autheur. Et les Gentils font naturellement les œuures de la loy. *Ro*. 2.

132. Les Gentils ont eu la loy du prepuce, en se rendant eunuques volontaires, come les Sacerdots Gals de la Deesse Cybele. Et Iesus-Christ nostre Seigneur n'a point aboli la Circoncision, mais il l'a accomplie. Il appert encore auiourd'huy, qu'il y a des deux parts, plus de nations circoncises que de celles qui ne le sont point. De dire que toutes le doiuent estre de mesme, la respōce est qu'il n'y a rien de si egal, en toutes les 4. formes de religions, Chrestienne, Iudaique, Turque & Payenne, qu'il n'y ait tousiours de la diuersité aux mesmes faits. Et quant à parler du sacrifice de pain & de vin, Cayer ne fut nullement aidé de persōne, mais il proposa de luy mesme le tout.

133. Les sacrificateurs de Baal, 3. Roys 18. ont eu ressentiment de se naurer en la chair, & la defense estoit en la loy, pour obuier à la superstition des Gentils.

134. Les Peres Carmes & tous les autres Docteurs ont approuué, les dires & les actes dudit Cayer.

135. Nulle ceremonie petite ou grande, n'a resté que nostre Seigneur ne l'ait accomplie. Et non seulement cela, mais aussi a corrigé les abus qui s'y commettoyent. Chassant du temple plus d'vne fois, les vendeurs des bestes qu'on sacrifioit. Quant à faire oblation de la vache rouge ou d'vn bouc, il faut discerner, que c'estoit vne oblation publique. Et quant aux particulieres pour les offrir de ses mains, il n'y estoit pas tenu, n'ayant en soy peché de l'infirmité ny ignorace, ny defaut de prosperité ou d'estat pacifique: aussi que les sacrifices, de la nature & de la loy n'estoyent que figures en leur propre subiect. Mais il est question des circonstances essentielles des sacrifices, & de leurs moyens de les celebrer. Lesquelles toutes circonstances & moyens, nostre Seigneur a rapportées à son sacrifice eternel, comme il estoit necessaire en tout cela. Cayer n'a peu estre surpris, il sçait mieux que du Moulin les objections que les heretiques font contre la saincte Messe, en ce qu'il a veu de luy en ceste conference, & par des presens escrits.

136. Il est dit nommément, qu'il se fera eleuation de vin, aussi bien comme de pain au Leuitique.

137. Du Moulin monstre son ignorance, de vouloir faire accroire que des formes ou sieges embourrez, soyent des licts, sinon comme on dit le lict de iustice, quant au terme de ἀνώγεον, en texte Grec, Bammahu en l'Hebrieu: Cayer le prouua par le Deut. 18. ὑπερῷον, & par le ii. Roys, où il est monstré, qu'en toute maison Iudaique, estoit vn tel lieu pour sacrifier, & est le lieu, où les Peres de famille celebroyent la Pasque, suyuant le commandement de Dieu. Quant au mot d'Hyperoon, il fut allegué par exposi-

tion, que les Grecs l'appellent ainsi par synonime, & en fut monstré le passage au Deut. 18. mesme par vn des religieux Carmes, pour la seconde fois. Et ne fut parlé de l'Astronomie, que pour monstrer le diuers vsage de ce mot *anogeon*. Et n'y a en toutes les raisons & tesmoignages de Cayer, aucune presupposition ou presomption: mais toute verité fondée en l'escriture saincte.

139. S'il y a raison, que les Apostres ayent adoré, lors que nostre Seigneur faisoit enuers eux office de Ministre, leur lauant les pieds: il y a plus de raison, que les mesmes Apostres ayent adoré, lors qu'il faisoit office de sacrificateur. Il veut bien qu'ils ayent adoré, durant le lauement, incontinent ou apres, mais non pas durant l'action de l'Eucharistie. Et toutesfois en ceste action de l'Eucharistie, Iesus-Christ luy mesme, en tant qu'homme & mediateur, adoroit Dieu son Pere. Mais c'est la pontillerie Caluinique, que par vne badine curiosité de termes, il renuersent les choses de leur propre sens. Si maintenant il dit, qu'il ne falust adorer la saincte Hostie en la saincte Messe, puis que par icelle mesme Iesus-Christ (entant qu'homme & mediateur) adoroit Dieu son Pere, ce qui sembleroit absurde, de l'adorer luy mesme, puis qu'il adoroit vn autre. A cela nous respondons, qu'en adorant vne autre personne distincte: il s'adoroit soy-mesme, & en l'vnité de l'essence, & en l'identité de circumincession. Car le Pere estoit au fils, se reconciliant le monde. 2. *Cor.* 5. Item, qu'il demeuroit tousiours tant plus digne d'adoration par les Apostres, puis qu'il se rendoit en cest estat humble d'adorer Dieu, luy qui estoit Dieu, pour l'amour d'eux & à leur occasion. En

troisiéme, lieu par l'adoration de l'Hostie, nous ne demeurons pas à l'espece que nous voyons, mais à la subsistãce incomprehensible de la diuinité, coniointe personnellement à son humanité mesme. C'est donc la diuinité absolument que nous adorons, & pource qu'elle nous est representee en l'humanité, qu'elle a prise inseparablement, nous l'adorons aussi auec elle quant & quant. Et selon l'homme, nostre Seigneur a diuinité. *Apoc. 5.*

141. La Messe est tousiours la mesme, qui a esté dés le commencement du monde celebrée dans le ciel, par l'Agneau immaculé occis dés lors, deuant la face du Pere, pour l'expiation du peché. Et s'ils alleguent que l'expiation importe destruction de la chose, qui est expiée ou du sacrifice offert pour expier, nous nions le premier: Car toute chose expiée est restaurée & nõ pas destruite, cause pourquoy non le pecheur expié: mais la beste estoit destruite, au lieu du pecheur. Pour le secõd, Cayer distingue du sacrifice en figure: ou de celuy qui porte la realité. La figure se destruisoit: mais nõ la realité. S'ils disent, que neãtmoins il a esté mis à mort, Cayer respond qu'il a esté mort en l'espece de son humanité, & en la similitude d'homme, qui est vn corps humain, meu d'vn esprit raisonnable, qui est l'ame. Mais tousiours la substãce d'immortalité y est demeurée & en corps & en ame, c'est ceste realité que nous disons qui ne se destruit point. Tout de mesme qu'en l'Eglise, les especes sont destruites par l'vsage: mais la substance du Sacrement demeure eternellement.

142. Cayer soustient que la Messe est la mort de nostre Seigneur, d'autant que c'est l'Annonciation de Iesus-Christ mort: comme l'Annonciation d'vne per-

te de bataille, est vne perte de bataille, à la vraye & reelle verité: au sens des paroles, soit que la bataille fust perduë ou nõ. Ou bien ce seroit, pour parler auec du Moulin vne bataille, mais il faut adiouster perduë. Ce que du Moulin cauteleusement desguise, par expres, & d'Adaire aussi malicieusemẽt dissimule: Cayer soustient, que la nouuelle d'vne bataille perduë, est vne bataille perduë. Mais non pas simplement vne bataille. Le sens commun manque à ces gens là. Au reste c'est à faire à des Atheistes, de rire & se moquer des termes & disputes de la religion, comme du Moulin & d'Adaire font par leurs escrits. Car s'il y a erreur à dire, il le faut remonstrer; mais il n'y en a point du costé de Cayer.

143. Les sacrifices d'Abel, d'Abraham, de Melchisedech mentionnez en la saincte Messe, estoyent la propitiation des pechez en la figure de nostre Seigneur Iesus, qui la deuoit accomplir en la verité. Et l'intercession des Anges, y est perpetuelle dés l'origine du monde iusques à la fin du siecle. 1. *Petr.* 1.

144. Les calomnies des heretiques ne sçauroyent offenser en rien l'honneur des Sacremens, ny la dignité de l'Eglise, ny l'attentat des signatures ne peut offenser ledit Cayer. Car l'accord estoit fait dés l'entree, de ne signer point, qu'apres que le tout auroit esté fait, sinon par les secretaires esleuz de part & d'autre.

148. Tellement, la loy est instituee par les Anges, que mesme les hommes Legislateurs de la loy diuine, & confirmateurs d'icelle, sont appellés Anges par toute l'escriture. Mais les ignorans se plaisent en leur ignorance: & appellent Blaspheme, la corre-

ction de leur-dite ignorances, si on le en veut croire. Or ce mot Ange, n'est pas nom de nature, mais d'office.

149. La Messe est instituée de Iesus-Christ, qui l'a faite & celebrée le premier deuant Dieu, dés l'origine du monde, & l'a reduite en son corps & en son sang, par immolation soubs les especes de pain & de vin, pour rapporter toutes les figures à leur verité, & les y comprendre.

150. La Messe a esté sans transsubstantiation, quãd les especes n'ont esté que des signes, & n'a point esté instituée qu'vne fois deuant Dieu, par l'Agneau sans macule, en son oblation volontaire de soy-mesme dés l'origine du monde, & a esté cõtinuée par les SS. Patriarches, Prestres & Prophetes, iusques à nostre Seigneur: & par son cõmandemẽt les Apostres l'ont celebrée: cõme les Prestres Euangeliques la celebrent encore en l'Eglise Catholique, Apostolique & Romaine. Il a esté respondu aux autres inepties de du Moulin.

151. Ces plus pressantes paroles qu'entend d'Adaire (à mon auis) qu'il y eust des Messes, sans transsubstantiation, & auãt la venuë de nostre Seigneur: ne furent iamais dites lors par du Moulin ny autre.

Ce n'est point absurdité, ce que S. Paul dit Heb. 9. & 10. que la chair des taureaux, &c. representoit la chair de nostre Seigneur: & n'y a point d'imagination en l'escriture, que pour les atheistes, qui disent que Moyse & Iesus-Christ, ne sont rien l'vn à l'autre, ains tous differens. Et nostre Seigneur a osté tout scrupule, disant: *Le pain que ie donneray, c'est ma chair.*

152. La loy naturelle estoit decheuë, Gal. 3. puis que la loy de Moyse est donnée pour en corriger les

transgressions. Et n'y a doute que les idolatres, heretiques & schismatiques, ne soyent des monstres contre nature & contre l'honneur de Dieu, dissipans le genre humain, en corps & en ame eternellement.

153. L'institution & restitution de la saincte Messe, appartient aux Anges: pour le Ministere auquel Dieu se sert d'eux. Ce fut aussi Cayer qui dit luy-mesme, qu'il se faisoit du vin sans pressoir, par expression entre les mains: ou mesme de la vendange en elle mesme, comme on appelle de meregoutte.

154. Tous les bruuages qui peuuent enyurer, ne sont qu'à l'imitation du vin, tesmoin la loy du vœu Nazarien. Et touchant les bruuages, Cayer n'en parla que lors que du Moulin disoit, que plusieurs peuples ne sçauent que c'est de pain & de vin: Cayer dist qu'ils auoyent des farines d'autres graines & racines que de bled, & des bruuages equipollens au vin, comme est le sorbeth des Turcs. C'est la plaisanterie de ces bouffons, ce qu'ils adioustent par-dessus.

155. Cayer monstra qu'Enoch auoit restauré le seruice de Dieu, & estoit en exemple aux nations de penitence. Eccles. 44. Gen. 5. Et Hebr. 11. estant exempté de mort, c'est l'euidente preuue, qu'il auoit offert à Dieu le mesme sacrifice d'Isaac, dont Iesus Christ nostre Seigneur estoit la reale verité & le fondement diuin. Et ne fut iamais de cela demandé aucun syllogisme. Mais le voicy:

Tout homme qui obtient la deliurance de la mort, a fait à Dieu sacrifice volontaire de sa vie.

Enoch a obtenu la deliurance de la mort.

Donc

Donc Enoch a fait à Dieu sacrifice volontaire de sa vie.

La majeur se prouue par l'Euangile.

Tout homme qui perd sa vie, volõtairement pour Dieu, sauue sa vie, & est deliuré de la mort.

Tout homme qui fait sacrifice à Dieu, volontaire des moyens de sa vie, perd sa vie volontairement pour Dieu.

Doncques tout homme qui fait sacrifice à Dieu, volontaire des moyens de sa vie, sauue sa vie, & est deliuré de la mort.

L'argumẽt se prouue par le texte Heb.11. de la mort.

Or le sacrifice volontaire des moyens de la vie, c'est la Messe, par Moyse. Deut.16.10.

Quant à la reuelation faite par les Anges, Cayer la prouue ainsi.

Nul homme viuant en vn siecle corrompu, n'a peu seruir Dieu purement, qu'estant redressé par la reuelation des Anges. Heb.2.

Enoch en vn siecle corrompu, a seruy Dieu purement.

Il s'ensuit qu'il a esté redressé par les Anges.

Pour monstrer que le seruice pur, est oblation de la vie par les elemẽs d'icelle, Malachie le Prophete le declaire disant, que l'oblatiõ nette seroit offerte à Dieu par tout le monde: qui est celle de la saincte Messe, cõme nous disons & affermons, de la saincte Eucharistie du corps & du sang de nostre Seigneur.

155. La Messe est le fondement vrique des sacrifices sans sang, & est aussi la substance des sacrifices sanglãs de la loy: ce qui se void en ce que nostre Seigneur mesme, en tels sacrifices que ceux de la loy qui estoyent

ſanglans, il a touſiours ordonné l'oblation de pain & de vin : & auſſi qu'en ſon propre ſacrifice par ſes mains, il a compris ſoubs le pain & le vin, ſon corps & ſon ſang : & auſſi a immolé ſon humanité par les elemens, dont elle eſt ſouſtenuë & nourrie. Cela ne ſe contredit nullement. Et quant à ce qui eſt des oblations, pour dire qu'elles ne ſoyent auſſi ſpecifiées, & particulierement, qu'elles eſtoyent propitiatoires: en outre bien que le peuple en fiſt l'offertoire ou l'offrāde, c'eſtoit touſiours le ſacrificateur qui en faiſoit l'immolation : il appert de tout cela par les textes, Deuter. 16. verſet 9. Il parle de moiſſon. C'eſt donc de pain, que ce faiſoit l'oblation volontaire. Et puis il dit, depuis que tu auras commencé de mettre la faucille, tu conteras ſept ſepmaines. Qu'on diſcerne ſi contant depuis la moiſſon commencée ſept ſepmaines, qui font 50. iours, on ne trouuera pas iuſtemēt le terme auquel on a nouuelle grappe. Il ſe trouuera ainſi. Quant a eſtre propiciatoire, ſi tant eſt qu'es ſolennitez ſoit, vne plus generale abſolution des pecheurs & de leurs pechez, & que nulle propiciatiō ne ſe faiſoit par les ſacrifices ſanglans, qu'auec & par le moyen de l'immolation du pain & du vin, il s'enſuit par la regle, *Propter quod vnum quodque tale eſt & illud magis* : que donc telle oblation eſtoit propiciatoire : & quant à ce que c'eſtoit le peuple qui l'offroit (dit d'Adaire & ſon ſoufficur) la reſponſe eſt, qu'il offroit par offrande ou offertoire, mais non par oblation ou ſacrifice : Car Dieu en auoit fait l'ordonnance luy-meſme. Au Leuitique chap. 6. verſet 24. où il eſt dit par expres. *Item la loy de l'oblation* (ils ont mis à Geneue) *du ſacrifice de l'oblation que les fils d'Aaron offriront de-*

uant le Seigneur à l'autel sera telle. Il ostera vne poignée de fleur de farine, de l'oblation de son huile, & tout l'encens qui est sur l'oblation, & le fera brusler en souefue odeur, par commemoration au Seigneur. par tout il appert, que l'oblatiõ des enfans d'Israel, passoit en sacrifice entre les mains des sacrificateurs, par le commandement de Dieu. Tout ce que dit d'Adaire & son inuenteur sont des verues. Et quand ils adioustent *de dons ou offrandes, sans rien specifier*, ils s'accusent d'auantage. Car par là ils aduouent les dons faits à l'Eglise, de toutes sortes; ce que toutesfois selon leur prostitution, ils ont accoustumé de blasonner & sugiller tant qu'il leur est possible.

156. Bellarmin le pere des resolutions des controuerses, ne nie pas, que le mot de Messe ne soit Hebrieu: mais il luy semble, que l'autre deduction est meilleure. C'est son auis. Neantmoins la Messe estant dite *ab emittendo*, tousiours du Moulin & d'Adaire se prennent eux-mesmes par le bec: Car si ce n'est qu'vn congé ou renuoy d'vne partie du peuple, qui estoit catechumene: pourquoy est-ce que l'autre partie qui estoit hors de Catechumene y demeuroit? Qu'ils en dient la raison, ou c'estoit pour la predication, ou c'estoit pour la psalmodie, ou c'estoit pour le sacrifice: ou bien c'estoit en fin pour quelque discipline. Ils n'oseroient dire l'vne des 4. qu'ils ne se trouuent courts à dire pourquoy tous n'en estoyent participans, sauf du sacrifice, duquel tous ne sont pas capables. Et ainsi des autres. Il n'y auoit eu aucune raison, de les mettre hors, sinon pour quelques mysteres. Voila ce que Cayer dist aussi fort distinctement, & ne pourroit aucun dire du contraire; & iamais du Moulin n'y repliqua d'vn seul mot.

158. Sainct Paul declaire en termes expres, que ce que faisoyent les Corinthiens, n'estoit pas faire la Cene du Seigneur: d'autant qu'ils n'en vsoyent pas auec croyance, ny en reuerence du corps & du sang de nostre Seigneur, Et encore mesmes n'y gardoyent pas les moyens & la forme requise, comme nostre Seigneur auoit fait, & Cayer respondit à ce qu'il auoit nié sa mineure. Neantmoins il le prouuoit par l'euidence du texte, & par les raisons suyuantes, és pag. 159. & 160. tellement que du Moulin, & d'Adaire ne font que preuariquer.

161. Sainct Paul dit & *ainsi qu'il mange de ce pain.* Il y a *ce pain* par emphase, qui est le pain du ciel: il y a *ainsi* auec *ceste croyance, & reuerence.* Et de fait il adiouste, *Ne discernant point le corps du Seigneur*, pour opposer *ceste discretion*, & recognoissance *du corps de nostre Seigneur*, à la fausse opinion que ce ne fust que du pain, & à la miserable façon de prendre la Cene pour la messe, qui sont actions differentes. Et fut dés lors, & est à present bien & suffisamment respondu, aux pag. 37. 38. & 39. *ad pœnam libri*. Tout le reste ne sont que redites inutiles & superflues.

163. Il n'y a point de retractation ou desdit, de dire que la Cene est l'vsage de la vie, entre les anciens, & que maintenant elle est en efficace à salut: surquoy lors ledit du Moulin ne dist vn seul mot, maintenant il desire le sçauoir: Cayer luy apprend s'il veut estre docile, que ceste Cene est la celebration du Ieudy absolu, laquelle est l'accomplissement de la figure qui en fut en Isaac, luy ayant esté deliuré de la mort, & par la Cene en rendant graces auec son pere Abrahã, qui communiqua la Cene à tous ses domestiques:

en tesmoignage de la vie presente & portant le mystere de la vie auenir, qui est l'efficace à salut : laquelle efficace la Cene n'a point obtenuë que par la vertu de nostre Seigneur Iesus-Christ. Par lequel nous auons la vie sans danger de mort : Car la mort n'est plus en ire aux Chrestiens Catholiques: ains ils ont asseurance de la vie eternelle. Communiquans les biens temporels, aux necessiteux, pour en auoir le loyer des biens eternels : qui est ceste efficace de salut. Voila ceste Cene qui n'est pas la Messe, ny les agapes ny les eulogies: mais ceste celebration susdite que nostre mere saincte Eglise garde & obserue tres-religieusement. Les agapes sont bien banquets de charité, comme les confrairies legitimes instituées en l'Eglise: ie sçay qu'ils iouëront aux esbahis, lisant ce passage: mais les Catholiques discerneront que l'Eglise parle ainsi du Ieudy de la Cene, Ieudy absolu, auquel aussi se donne l'absoute non seulement des pechez: mais de la mort mesme en la faueur de nostre Seigneur Iesus-Christ.

164. L'Eglise n'a pas esté despourueuë de bons Docteurs, qui ont tous & tousiours recognu l'estat de la doctrine, suyuant les textes propres sans aucune varieté: mais du Moulin, & ses instigateurs ne veulent point recognoistre d'authorité: ains seulement que chacun en face à sa fantaisie, sinon selon leur discipline.

166. Il a esté respondu aux pag. 42. & 43. Et d'abondant Cayer dit, que tous les passages qui parlent de boire, & mãger pour *croire* entre les Prophetes se doiuent rapporter à cest effect de la foy, qui est en la manducatiõ du corps & du sang de nostre Seigneur Iesus-

Christ, en ce siecle present, pour auoir la fruition heureuse de la vie auenir au Royaume de Dieu: sans manger ny boire, tellement que tousiours la foy se resoult en sa propre substance, qui est d'apprehender la substance des choses qu'on espere: & estre l'argument des choses qu'on ne void point. Au reste, en toute l'Epistre au Hebrieux, il n'est parlé que de la saincte Messe, de l'vsage d'icelle, de sa substance, & des moyens; en fin de l'efficace & effects qui s'en ensuyuent: ne pouuant estre la Croix nullement salutaire, veu qu'elle est d'elle mesme en malediction, sinon par la vertu de la benediction de la saincte Messe de nostre Seigneur: qu'il a faite luy-mesme, premierement dés l'origine du monde en verbe diuin: secondement apres qu'il eut accomply la Pasque & la Cene, en l'vnion de la nature humaine en sa personne diuine. Et de laquelle sienne celebration cotinuelle depend la vertu de la saincte Messe de tout temps dés le commencement en figure viues, & qui portoyent la verité spirituellement de par iceluy Verbe, & depuis en realité personnelle, le verbe estant fait chair: tellement que lors a esté la perfection tant en esprit qu'en corps; dont auparauant son incarnation, toute la nature estoit totalement incapable, sans ceste admirable, & diuine incarnation du Verbe.

167. Du Moulin & d'Adaire font bien des subtils par vne affectee ironie, comme toute heresie n'a pour suject que le mespris de Dieu, & la moquerie de toute pieté: Mais la moquerie leur retombe sur le nez. Car ils aduouent qu'ils auoyent besoin d'estre aydés, à entendre le sens des paroles de nostre Seigneur. Car ils disent: *Mais Cayer ne se souuenant de ayder, poursuyuit*

ainsi à dicter. L'ironie est en ce qu'ils ont mis, *Il se confessoit* (c'est du Moulin) *donc estre trop ieune, pour comprẽdre l'artifice d'vne raison si subtile.* Or elle est telle.

En tout acte de nostre Seigneur, où nostre Seigneur dit qu'il s'est donné, en tout tel acte est la redemption de l'Eglise.

Mais en l'acte de la Messe, nostre Seigneur donnant du pain, qu'il fit sa chair, s'est donné pour la ioye du monde, qui est la redemption.

Donc en l'acte de la messe est la redemption de l'Eglise.

Item : mais la redemption de l'Eglise, n'a peu estre qu'en sacrifice propiciatoire.

Donc en la Messe, où a esté faite la redemption de l'Eglise, il y a eu sacrifice propiciatoire.

168. Voila comme le tout conuenoit fort bien, pour monstrer, que donner en la Messe, & sacrifier, sont termes equipollens, & signifient vne mesme chose. Quant à la distribution faite au peuple, Cayer en parla pour l'instance qu'en faisoit du Moulin. Au reste ce n'est point tache en la Messe que tous n'y participent pas: mais bien c'est tache en ceux qui n'y sont pas bien disposés. Autrement la communion est licite à tous estans en bon estat.

170. C'est se monstrer imposteur tout à fait, de dire *que la preuue soit faulse*, alleguee par Cayer, *que la Messe est vn sacrifice propiciatoire, à cause qu'il y auoit des sacrifices propiciatoires pour les prosperités, esquels neantmoins y auoit mort, des bestes offertes.* Car Cayer n'allegue les sacrifices de prosperités, pour propiciatoires, sinon sur & à cause de l'instance qu'en faisoit du Moulin disant, que les sacrifices de prosperités estant offerts pour

mourir, n'estoyent pas pour le peché. Cayer donc dit derechef, que tout sacrifice ou oblation, faite pour mourir, est vn sacrifice propiciatoire : soit pour le peché ou pour prosperité. Si biẽ que la majeur de Cayer en demeure tant plus vraye. Mais maintenant d'Adaire adiouste pour du Moulin, *que les animaux ne laissoyent pas d'estre mis à mort, au sacrifice de prosperité* : mais qu'importe? Car la majeur portoit, *toute oblation faite pour mourir*. Cayer a donc entendu qu'il y eust *toute*, tellement que d'Adaire ny du Moulin ne se sçauent pas expliquer: mais ils laissent à penser ce qu'ils veulẽt dire: & de fait Cayer dés lors y respondit, en ce qu'ils alleguent puis apres, encore qu'ils le rapportent autrement, & en cõfus: Cayer dist, *qu'aussi nostre Seigneur mouroit en chacune Messe, tout ainsi qu'il a esté occis dés l'origine du monde, qui est vne mort mystique.*

171. Ce sont recits pleins de confusion. Et Cayer n'a iamais dit, *que nostre Seigneur n'a point mis sa vie en effect en la Croix*, quel langage est cela? Mais il dist, que nostre Seigneur n'a point mis sa vie : par effect, en la Croix: mais qu'on la luy a ostee. Et de fait il n'a mangé ny beu depuis la celebration, qu'il fit de la saincte Messe en son corps & en son sang : iusques à tant qu'il fut resuscité des morts. Et n'est point destruire la Croix, ny aneantir le benefice d'icelle, ains c'est l'establir pleinement. Car il est vray qu'en la Croix, il a laissé la vie volontairement, par la dispensation, ou il s'en est mis en la saincte Messe. Mais aussi il ne s'y est pas attaché de luy-mesme, ains y a esté mis par les mains des iniques. Et pourtant il est dit, parlant du iugement, que ceux qui l'ont transpercé le verront.

172. Cayer

172. Cayer respondit à toutes allegations faites par ledit du Moulin, comme il se void cy apres.

174. L'objection de du Moulin, que l'esprit eternel a offert Iesus-Christ nostre Seigneur, fut releuée par Cayer disant, que l'esprit eternel est le mesme S. Esprit, qui l'a conceu au ventre de la Vierge, lequel aussi l'a sanctifié en la Croix. Et que ce n'est point la diuinité du Verbe, qui ait offert son humanité. Car elle n'eust pas esté capable de la redemption, en la diuisant de l'vnion qu'elle a auec iceluy Verbe, en vne mesme personne composée des deux natures; mais que ceste oblation s'est faite par le sainct Esprit en dispensation, comme par le Verbe en disposition de sa volonté propre. Et neantmoins que le sainct Esprit ne l'a point sacrifié ny crucifié, ains consacré par afflictions: que luy aussi ne s'est point exposé à la mort, mais s'y est immolé par l'oblation, dont il s'est offert soy-mesme par le sainct Esprit, soubs les especes du pain & du vin. Ce qui donne tousiours lieu au sacrifice fait par les sacrificateurs, & qui tousiours aussi monstre, que la cruauté en a esté faite à leur instigation, par les mains des iniques.

175. Cayer respondit sur le second poinct de du Moulin, que les Iuifs par la bouche de Pilate, auoyent declaré par exprés, qu'il estoit expedient qu'vn homme mourust pour le peuple: ce qu'il dist par prophetie. Et ne faut point tergiuerser, pource qu'ils n'ayent prié en termes exprés de receuoir le corps de Iesus-Christ en sacrifice. Car l'vsage & intention est telle en tous sacrifices, que la chose offerte soit agreable à Dieu.

176. Ce sont vrais monstres & prodiges, que du

Moulin dit, allegant ces paroles, *Nous auons trouué cest homme blasphemant*. Pour empescher qu'ils n'ayent sacrifié, & en sacrifiant adoré: d'autant qu'il faut iuger de l'acte & des paroles des Iuifs, selon leur intention. Or icelle intention estoit de faire sacrifice à Dieu, le mettant à mort. Et ce pour sauuer le peuple. Car le Pontife Cayphe, le dit nommement. Il s'ensuit donc, que ce a esté aussi par adoration: Car nul sacrifice ne se fait que par adoration: & icelle souueraine. C'est à dire propre & appartenante à Dieu. Au reste ces paroles des Iuifs dites par l'adueu de du Moulin, sept ou huict heures auant la passion, s'adressoyent toutes à ceste mesme fin de la passion, & par cõsequent appartenoyent à l'effect d'icelle. Or la passion est vn sacrifice. Doncques lesdites paroles sont proferées pour ledit sacrifice. Mais elles sont dites à Pilate & non à Dieu; la raison est, qu'ils ne pouuoyent le mettre à mort, sans son ordonnance, & son iugement. Et autrement disent ils ces paroles à Pilate, & en autre sens à Dieu, determiné, sçauoir est à sa passion & souffrance, pour le salut du peuple, ostant vn blasphemateur hors du monde. D'ailleurs dire, que cela ne soit ainsi en l'Euangile, & imputer à Cayer, qu'il ait vn autre Euangile, & que cela ne se trouuera point en l'Euangile. Cayer respond, que c'est vne ignorance monstrueuse, ou vne malice affectee: Car expressément il est ainsi, *Matth. 26. 25. & Marc. 14. 64. Vous auez ouy le blaspheme*. Et incontinent ils le iugent à la mort. Mais pour executer ils s'adressent à Pilate, & encore en autre parole, disant: *Luc 22. Nous auons trouué cest homme seduisant le peuple*. Cayer respond, que c'est tout de mesme, que s'ils eussent dit, *Nous auons trouué cest homme blasphemant*. La raison est, que le peuple d'Israël, ne tenoit alors d'aucun autre moyen, que par la pieté, & les promesses des propheties. La subjection doncques, ne dependoit que du blaspheme, en chef de leur accusation. Et pource que Pilate ne s'en fust pas esmeu grandement ; ils y mettent qu'il vouloit aussi se faire Roy. Tant y a que leur intention a esté de sacrifier, & par consequent d'adorer Dieu. Ce qui trompe du Moulin, c'est qu'ils prenent le terme *d'adorer*, pour le geste exterieur de se prosterner, au lieu que le prosternement n'est que le signe de l'adoration, & l'adoration consiste en la deuotion de l'ame, & en sa submission & recognoissance.

177. Nonobstant que les Pharisiens de leur costé, fussent poussés d'enuie, & que les anciens du peuple y consentissent par ignorance, neantmoins tousiours S. Iean dit apertement : Que la resolution de Cayphe, n'estoit point de par soy-mesme, mais estoit vne prophetie ; par consequent de l'esprit de Dieu, à sçauoir pour sauuer la nation, & non seulement la nation, mais pour assembler en vn les enfans de Dieu, qui estoyent dispersez. *Iean*. 10. *vers*. 51. 52. Du Moulin malicieusement, retranche à la façon des heretiques, ces versets là en son allegation, & ne prend que le 48. où est le deliberé parlant du motif propre de Cayphe, quant à soy, de peur que les Romains soubs ombre de Messias, Roy des Iuifs ne vinssent courir sus à la Iudée & la destruire. Mais il laisse la suite, qui est de la prophetie, comme nous auons dit. Au reste quand nous dirions que les saints Apostres & les saints Peres leurs successeurs, & tous les Prestres sont succes-

seurs de Cayphe, ce ne sera que bien dit, quãt à l'estat de la sacrificature, mais non pas quant aux vices & blasmes desdits Cayphe & ses compagnons. La raison est, que toute la loy offroit Iesus-Christ par figure, en tous les sacrifices. L'Euangile l'offre en realité au sainct Sacrement. Et n'a garde que pour cela, la sacrificature d'Aaron soit plus excellẽte que celle de Melchisedech. D'autant que la mort, des bestes immolées n'est que par accident, que Dieu de soy n'a point aggreable, mais le tout cõsiste en l'oblation de la vie: laquelle soit sans mourir, comme estant les elemens d'icelle sans peché. C'est comme Melchisedech a esté le type de l'oblation du S. Sacrement, par la representation mystique de la mort, meritée en Adam, rendant à Dieu les elemens de la vie, comme indigne d'icelle: & neantmoins dont on obtiendroit la fruition par grace en la venuë du pain vif, descendu du ciel pour mourir, en la rançon de tous les hommes.

Au reste Cayer monstra, que la Circoncision, estoit le sacrifice perpetuel des enfans par les peres: pour la juste punition du peché originel, en la partie peccante, en laquelle regne la concupiscence. Et c'est pourquoy il n'est pas auiourd'huy licite d'vser de la Circõcision, d'autant que nostre Seigneur l'a accõplie, la receuant en Sacrement; & l'a consommée en effect du signe par sa mort, & passion. Elle a pour ceste raison duré iusques à luy: dont S. Paul argue tant les faux freres, en l'Epistre aux Galates: & par tout ailleurs. Au reste les Israëlites estoyent tous enfans spirituels du Pontife, & nostre Seigneur y a esté compris. Ce que le cõmandement fait à Abraham n'a esté executé, monstre tant mieux, qu'il le faut prendre en sacrifice de deuotion salutaire, cõme il a esté dit sans mort, pour Isaac & pour tous : sauf pour Iesus-Christ nostre Seigneur, d'autant qu'il falloit que la iustice de Dieu fust satisfaite, en sa personne, pour tout le genre humain. Ainsi mesmes toutes choses couiendront tant mieux auec le dire de Cayer, qui est la foy, orthodoxe de nôtre mere saincte Eglise Catholique, Apostolique & Romaine. Et n'y sçauroyent contredire tous les heretiques, qui furent iamais au monde, ny qui sont, & seront cy apres.

179. C'est l'impieté de Caluin, de dire que Dieu soit autheur du peché. Cela, quelle abomination? iamais Cayer n'y a adheré, non pas mesme tandis qu'il a esté enuelopé aux autres erreurs de Caluin. Et s'est ledit Cayer suffisamment expliqué, de l'enuoy des esprits menteurs & du faux pasteur. Et aussi de l'accomplissement du sanctuaire par la mort du Messias, tesmoin le syllogisme qu'il en ditta sur le champ, que ledit du Moulin a recelé tousiours, ou quoy que soit esgaré. Neantmoins le sieur de Mauconuent, l'a representé en son discours sommaire nettement.

181. Du Moulin s'ebaudit en raillerie de dialectique à sa mode: Car niant que la Messe ait plus de vertu que la mort de nostre Seigneur: Il en allegue la raison, que la Cene nous applique la mort de nostre Seigneur: mais il est question de la Messe, & non pas de la Cene. C'est equiuoquer à plaisir: Cayer se tient à ce qu'il a dit, que si nostre Seigneur ne s'estoit offert en l'immolation de la saincte Messe; sa mort en la Croix, ne seroit point vn sacrifice, quant à luy.

C'est la raison pourquoy, elle n'auroit point d'efficace enuers le gẽre humain. C'est la nature & cõdition des sacrifices sanglans, que iamais nul ne s'est fait sans immolation. Ce qu'il dit aussi, qu'vne medecine ne prend point efficace de son application: Cayer en appelle à Gallien & Hypocrate, Guydon, & tous les autres maistres, tant en chirurgie qu'en medecine & pharmacie, s'il seroit bon de prendre de la rheubarbe apres midy. Item de bailler medecine, *actu frigidam*: Itẽ la bailler en autre forme, qu'elle ne doit estre prise: ausquelles choses gist & consiste l'application d'vne medecine, & d'icelle application resulte l'efficace, autrement non.

Tout ce donc, qui est dit de la Croix, & de la mort de nostre Seigneur endurée en icelle, comprend en soy quant & quant l'immolation, aussi bien que le crucifiement. Afin que du Moulin n'y cuide plus tergiuerser, la mort de la Croix, n'est aduenuë que par l'accident du peché de l'homme, & de soy elle n'est point agreable à Dieu: mais la Messe est absolument le sacrifice eternel, de tout temps & auant tout temps, dont le Fils recognoist eternellement le Pere, pour l'authorité du principe, dont il a son origine coeternelle en essence au Pere, & dont l'homme estoit tenu estant fait à l'image de Dieu de garder la mesme submission & recognoissance. Ce que n'ayant fait, il a falu pour le rehabiliter, que nostre Seigneur prist la nature humaine: & representant la personne d'Adã, endurast la mort qu'Adam auoit meritée, afin que comme la Messe par luy celebrée sans mort sensible, en son corps & en son sang presens ses Apostres, estoit à cause de luy-mesme suffisante pour le salut, sans qu'il eust deu mourir, pour rendre son oblation agreable, deuëment & meritoirement: qu'aussi en mourant il acquittast la nature humaine de l'oblation des sacrifices sanglans selon la loy, & satisfaisant pleinement pour tout hommes, il les rendist selon l'ordre & dignité du Sacerdoce Apostolique, capables de s'en appliquer le merite de la satisfaction à iceux acquise par luy. Et ne faut point faire des admirations sur les articles de la foy: disant, pourquoy il n'y a que *nostre Seigneur a chanté la Messe*, aussi bien comme il y a, *qu'il a esté crucifié*. A cela Cayer dit, que c'est pource qu'il est question de la restitution ou restauration de la faute de l'homme en son entier, & premier estat de la creation: laquelle restauration ne se pouuoit faire, sinon par le moyen de la Croix, qui est pour la reparation du peché de l'hōme. Tout ainsi cōme il n'est pas dit à l'opposite, qu'il y a vn enfer pour les damnez au symbole des Apostres. D'autāt que la foy n'est q̃ pour ceux qui sont sauuez: ce qu'aussi Caluin en son catechisme, dit sur l'article, *de la vie eternelle*. Et autrement aussi tousiours Cayer dit & maintient, que la saincte Messe, cōtient en elle l'oblation de la mort, de nostre Seigneur Iesus Christ, & l'oblation de sa personne mesme endurant en la Croix; soubs ces paroles, *hoc est corpus meum quod pro vobis tradetur, in remissionem peccatorum*. A quoy Cayer est tout certain, & a prouué que les heretiques ne sçauroyent repliquer quelque inuention qu'ils veuillent ny puissent rencontrer, par leurs ruses accoustumées. Car tousiours le principal de nostre redēption, & la deuotion & obeissance de nostre Seigneur enuers Dieu son Pere, & la mort qu'il a endurée, n'en est qu'vn accessoire. Et qui de soy n'estoit point necessaire, sinon par le peché de l'homme, comme il a esté dit.

182. La Messe a bien tant de vertu, qu'vne seule peut tirer toutes les ames qui sont en purgatoire: sans en dire vne autre apres pour seconde, si c'est d'vne mesme intention, & si c'est par l'authorité de l'Eglise, quant à ce, pour telle deliurance. Et si en tout cela on garde l'ordre requis generalement: L'intention estant au prestre celebrant, l'authorité de l'Eglise est pour les Indulgences des Iubilez, & l'ordre general est pour les cerimonies. Tellement que ce que dit du Moulin, est vne pure ignorance & miserable, de n'entendre pas dequoy il parle: Car il dit, *qu'il faut vn grand nombre de Messes, pour tirer vne ame de purgatoire*: c'est à cause des Testamens, où chacun en ordonne, selon son intention, & selon son besoin. Et cela est fondé, sur ce que la Messe est tousiours vne oblation volontaire: Mais nous disons, qu'vne seule Messe, pour vn pauure, est d'aussi grande efficace pour son salut, comme beaucoup de Messe, pour vn riche. La raison est, que la vefue mettat au tronc quelques quadrins, a autant de merite, que les riches qui donnent beaucoup d'or & d'argent. C'est l'Euangile qui parle. En tout cela doncques Cayer ne blaspheme nullement, ains rend l'honneur à nostre Seigneur, qui luy appartient; sur ce qu'il a dit, que la mort de nostre Seigneur n'est que l'effet final & consommatif de nôtre redemption en la Croix. Car c'est ce que dit nôtre Seigneur luy mesme, *Consummatum est*. Et en ce qu'ils allegũet, que c'est *le payemẽt total pour nos pechez*; Cayer respond, qu'il le croit ainsi. *Et adiouste que ce n'en est pas seulement l'acheuement & consommation*; sçauoir est, *du payement total pour nos pechez*. Mais ce sont choses distinctes, *nostre redemption* & *le payement total pour*

nos

nos pechés. Car le sacrifice de la saincte Messe, consiste en Eucharistie & recognoissance, plus qu'en satisfaction ny reparation d'offense, laquelle reparatio estoit suffisamment faite par l'humilité de la sapience: en prenant la nature humaine, à l'opposite de la superbe de l'homme, qui s'est efforcé ou a essayé, au moins de monter à l'egal de Dieu. Mais pource que la cause mouuante de l'homme à cela, a esté ce desir qui l'a trompé de ne mourir point: Dieu pour luy monstrer, qu'il faut que ce qui a pris commencement prenne fin, s'il ne plaist au Createur l'en exempter: Dieu dy-ie a voulu outre ceste satisfaction, suffisante par son abbaissement à l'egal de l'homme; se rendre aussi à la mort, pour l'acheuement & consommation de ceste satisfaction, en ce qui touche la cause mouuante du desir de la vie, en quoy est le peché principalement, pour auoir excedé les moyens conuenables à ceste fruition de vie. Voila comme il le faut entendre de par Dieu, & non pas s'aheurter à vn acte transitoire de mort naturelle de l'homme, qui de soy ne seroit suffisant d'appaiser l'ire de Dieu, sans le soustenement de la Sapience, par son humilité, auec la cause pour laquelle elle s'est ainsi humiliée. Cela n'est donc point presupposer, que quelques parties de nostre redemption ayent esté payées deuant la mort de la Croix. Car nostre redemption est faite, dés le commencement du monde, par l'Agneau sans macule, occis deuant la face du Pere: mais il a falu, que la consommation en ait esté accomplie en la plenitude du temps du monde, pour satisfaire pour les precedens, & pour les subsequens, dont la mort naturelle d'aucun n'y a rien apporté: car *torcular calcauit solus.* Et est inepte en ceste cõparaison, la similitude du bastiment que fait du Moulin: mais s'il eust dit, que le Sacerdoce de Melchisedech en a esté vne partie, & celuy d'Aaron vne autre: Cayer luy eust respondu, qu'il est vray que tousiours se faisoit le salut en partie par tels moyens, mais ce n'estoit qu'en figure, & tousiours la verité s'en retrouuera en la personne du Verbe, dés le commencement du monde iusques à la mort naturelle de son corps. Et la consommation s'en applique par la saincte Messe en l'Eglise, comme la representation s'en faisoit aussi lors.

183. Ce pauure ieune homme du Moulin, fait dire icy à son d'Adaire, plus qu'ils n'en sçauent tous deux, sur *l'extensiue & intensiue*, dont iamais il ne dist en la conference vn seul mot à propos. Au reste ce fut Cayer qui mit les termes *d'intensiue & d'extensiue*. Et lesquels il a suffisamment expliqués en sa responce aux calomnies de du Moulin. Mais c'est vne plaisanterie, de ce que Cayer, tandis qu'il a esté en l'erreur miserable entre ces mal-heureux, ils le tenoyent pour grand Philosophe, & l'en ont blasmé deuant le Roy mesmes, plusieurs fois: A present, vn ieune escuente, luy veut faire accroire qu'il n'y entend rien, & s'en loue luy-mesme aux despens de Cayer. La verité est telle sur certains rauaudemens de syllogismes, que ledit du Moulin taschoit, de faire sur le champ fort ridicules: Cayer luy dist, que s'il auoit la dialectique qu'on luy attribuoit, il la feroit voir, aussi mal bastie: tant s'en faut qu'il l'en loüast iamais. Au reste il appert par l'approbation des Docteurs, que rien n'est de Cayer en son particulier, mais que c'est la doctrine de l'Eglise.

185. Cela est faulx, que tout sacrifice requiere abolition de ce qui est sacrifié, veu que nous offrons les sacrifices de loüange qui demeurent eternellement. Item nous sacrifions nos propres corps sans mort, *Rom.* 12. Et quant au pere Bellarmin, *lib.* 1. *de Missa.*

Il dit veritablement, *consumptio quæ fit à sacerdote, non tam est comestio victimæ, quàm consummatio sacrificij: & propriè holocausti combustioni respōdere videtur:* mais il ne dit pas, que *corpus Christi consumatur.* Ceste allegation ne sert donc de rien.

Cayer n'a eu suject de se plaindre, de mal traitement quant à la dispute, grace à Dieu, & est bien à propos que par ce poinct, d'Adaire cōfesse la tardiueté dudit du Moulin, lequel pria Cayer de le supporter. Voila de fines gens, qu'vn lourdaut grossier & pesant, eust mal accommodé Cayer, duquel il apprenoit mesme les propositions des termes les plus familiers, & lesquels de fait il n'entendoit pas. Au reste, iamais il ne demanda audit Cayer, comment la Messe rendoit la passion de nostre Seigneur volontaire. Cayer luy eust respondu sur le champ, d'autant que nostre Seigneur declaroit par icelle, qu'il se donnoit par effect pour estre trahi, & son sang pour estre respandu: mais outre cela, il y alloit de l'immolation necessaire en tout sacrifice: comme il a esté commandé par la loy, autrement nostre Seigneur ne l'eust accomplie.

188. Il se cognoist par toutes ces demandes de du Moulin, combien il s'est monstré ignorant & malicieux, faisant le doux & le delicat. Cayer n'a rien dit en ses responses, que suyuant l'Escriture manifestement, par le propre verset: *Il s'est aneanti soy-mesme*, sur

ce qui est au-parauant, *qu'il estoit en la forme de Dieu.* Item par ce verset qu'alleguoit du Moulin, *iusques à la mort*, où il adiouste, *la mort de la Croix*. Ce sont donc deux morts, & ne peut le dire du Moulin estre autrement expliqué, disant que S. Paul *ait estendu cest aneantissement iusques à la mort*. Or cest aneantissement n'a peu estre en la nature humaine, qui n'estoit pas sinon lors qu'il l'a prise. Il a donc esté en la nature diuine, & s'estend iusques à la mort de la Croix. Doncques selon le dire de du Moulin, la nature diuine a esté morte & a esté crucifiée. Or cela est faux, & n'est pas la mort que Cayer luy attribue: ains celle que l'Escriture dit, que l'Agneau a esté occis dés l'origine du monde, sans toutesfois mourir: mais c'est qu'il estoit ainsi ordonné en la prescience & preuision diuine, dont les choses futures sont enuers luy toutes presentes, pour leur infallible certitude. Voila comment le Ministre (pretendu) dit du Moulin, cuidant faire du sçauãt par la bouche & par la plume de d'Adaire, se monstre plein d'ignorance: & arguant Cayer de blaspheme, dit & fait des propositions pleines d'horrible impieté (chose deplorable) en tant que si on le veut croire, il pretend bien faire: mais ie ne le croy nullement. Dieu en est le Iuge, cognoissant les cœurs de chacun.

190. Cayer n'a point esté reduit à recognoistre de bonne foy, que ce qu'il auoit dit de bonne ame: d'autant qu'il a tousiours aduoué & confessé vne mort reelle en l'humanité, quant au corps; & vne mort mystique au Verbe: dont l'ame ayant eu apprehension de la mort corporelle, aussi senti le troublement, & dist qu'estant expressément au texte de l'Euangile *vsque ad*

mortem, il s'enfuit aifement de là, que l'ame en a efté exempte, fuyuant la proprieté de fa nature; mais elle en a eu apprehenfion : laquelle en comparaifon de ce qui eft dit du Verbe, pourroit auffi en eftre appellée mort de l'ame, mais non pas qu'il l'ait endurée. Au refte ces mots qu'il a mis, *de cautere clifrere, &* *ieu de paume* monftrent par la feule fuite qu'il n'y a que fallace & derifion abhominable en tous ces gens là, & n'y a moyen de les en excufer. Cayer iamais ne fouffriroit vne telle iuncture de difcours. C'eft vn trop vilainement grād *Anæconomiton*, en rhetorique, finon celle de Rablais, miferables pauures gens ! qui fuyuent de fi mefchantes ames ! de s'ofer ainfi mocquer en vne chofe fi ferieufe, comme eft la doctrine de falut. Et l'impieté eft encore plus grande, en ce qu'ils attribuent à Cayer, ce qui eft de leur derifion diabolique. Et encore il continuë, adiouftant que Cayer ait dit, que noftre Seigneur a porté en fon ame le faix de nos pechés, qui eft directement contre le dire dudit Cayer. Tous ces difcours là font des tenebres cimbriques de du Moulin, & de d'Adaire, qui fe plaifent à embrouiller les auditeurs & lecteurs, de toutes abfurdités.

191. Touchant la mort de peché, iamais Cayer n'a dit qu'elle conuint, ny peuft conuenir à noftre Seigneur, qui eft fans peché: mais bien dit-il, qu'entant qu'il eft mort pour nos pechez, il a efté fait pour nous peché, afin de nous en acquiter. Tout cela eft conforme à la faincte doctrine, & eft fondé expreffément en l'Efcriture.

Quant au Grec *σφαδάζειν*, c'eft le mot que de Beze a expliqué l'an 64. dans Geneue, fur le catechifme

Grec de Henry Estienne, que de Beze le leut lors publiquement, comme escriture authentique. Mais Cayer ne l'allegua point, cōme texte d'escriture saincte. Ce sont tousiours les subterfuges des heretiques, que de s'aheurter aux mots, taschant de surprendre s'ils pouuoyent.

192. Dieu soit loué, dequoy d'Adaire vaincu, par la verité atiltre son du Moulin, de son impudence d'auoir encores imaginé vne quatriéme mort. Au reste cela est faux, que depuis la consolation de l'Ange, il ait eu aucun troublement. Cela est aisé à voir: car les grumeaux de sang, qu'il amene pour preuue, ne sont point de l'ame, mais du corps. Au reste cela est dit, καθ' ὑπόληψιν, non que depuis la consolation de l'Ange, il ait sué sang: mais que lors que l'Ange le consola, il estoit en cest accident corporel, & non pas spirituel.

Le blaspheme est intolerable, que met d'Adaire puis-apres, disant: *aussi son ame ne pouuoit estre deschargée de nos pechez deuant que d'en auoir porté le payement, à sçauoir la mort.* Voila ce qu'il dit. Or cela est faux, que son ame ait esté chargée de nos pechez, ains son corps. Cela est faux aussi, que son ame ait enduré la mort. Si du Moulin replique, mais Cayer l'a dit; ledit Cayer respond iamais ne l'auoir dit, bien que l'ame de nôtre Seigneur a apprehendé la separation de son corps, mais nō pas sa mort propre. Et pourquoy l'ame de nôtre Seigneur seroit-elle moindre en faculté ou qualité & efficace essentielle que les autres ames? car nulle ame humaine ne meurt, ny n'apprehende de mourir, quāt à soy, mais biē de voir que son corps meure, estāt separé d'elle. Quand à la sympathie & separation de l'ame de nostre Seigneur, de son total & non de ses parties, ie veux m'asseurer que du Moulin ny d'Adaire, ny autre de leur secte, ne sçauent que c'est à dire. S'ils l'entendoyent, ils seroyent hors de toute ceste difficulté ; & coprendroient que mesme la mort de nostre Seigneur, selon son corps, n'a esté que par la separation de son ame, mais non pas de sa diuinité & pourtant il est tousiours demeuré en son estre, & n'a point senti de corruption, qui est la mort vraye des corps humains generalement. Ce n'est donc point le Capharée de l'archipelage des heretiques, comme escrit d'Adaire : mais la vraye & manifeste descouuerte des embusches de Satan, sur l'article de la mort, salutaire de nostre Seigneur Iesus-Christ. En ce qu'il embrouille les entendemens des hommes de diuerses imaginations, inutiles & pernicieuses extremement.

193. Du Moulin ne se sçauroit vanter, d'auoir rien auancé : car graces à Dieu, Madame Milet, a recognu l'Eglise. Et ne fut point Cayer qui s'excusast de ces interrogations ; mais les propres scribes & plus proches adherâs dudit du Moulin, cela est notoire à tous. Ce qui fut adiousté des blasphemes de Caluin, ne fut pas proposé ainsi qu'il le dit, en ces termes, *que ce fussent choses plus absurdes.* Iamais Cayer ne parleroit ainsi, il auroit aduoué absurde, ce qu'il maintient estre vrayement orthodoxe, comme cy dessus a esté dit : mais vn de la compagnie mist en auant ceste heresie de Caluin, laquelle pource que du Moulin vouloit nier, ledit Cayer demandant vn catechisme, la monstra sur le champ. Et ne sceut ledit du Moulin, sinon aduoüer, qu'il falloit prendre ces propos sainement, & non pas au pied de la lettre. Son d'Adaire ne luy

en peut defalquer ; *la necessité* dit-il, *a laquelle il obeyt.* Mais c'est vn causeur, de dire que l'Eglise Catholique en soit d'accord, il se moque de luy-mesme, disant que *la damnation dont il est parlé au Catechisme, n'est point la damnation de Iesus-Christ, mais la nostre.* Car c'est autant comme s'il disoit, *il a esté crucifié, non pas luy, mais nous.* Lequel est-ce ? C'est autant encore, comme s'il disoit, *nous sommes sauués, non pas nous, mais luy.* Car *par contraposition, fit inuersio terminorum eodem sensu.* Au reste derechef, *les traits & grumeaulx de sang ne sont de l'ame,* mais du corps. En fin ce qu'il distingue, *de damnation & de condamnation,* ne luy sert de rien. Car nous n'auoüons ny l'vn ny l'autre, que nostre Seigneur ait esté damné ny condamné, ny de Dieu ny de son iuge Pilate, combien que l'article dit, *a souffert soubs Ponce Pilate,* d'autant qu'il le prononça innocent, & ne le condamna iamais. Caluin aduoue l'innocence, mais il adiouste qu'il fut condamné par luy, contre le texte de l'Euangile.

195. Cela est faux que Iesus-Christ ait esté maudit, encore qu'il a esté fait malédiction, suyuant le dire de l'Apostre, au regard du genre de mort qu'il a souffert: mais cela est en l'euidence exterieure de sa passion, au lieu que la malediction, regarde le secret iugement de Dieu, duquel nostre Seigneur a tousiours esté exempt: Car perpetuellement Dieu a pris en luy son bon plaisir.

196. Au reste, il faloit que d'Adaire rapportast les glosses de Cayer, puis qu'il vouloit les pratiquer en mesme sens, aux termes de *damnation*, cela reste à dire. Or c'est *de damnation*; comme de *malediction.* En fin Cayer ne dist rien à la loüange ny excuse de

Caluin

pour reuerdir: voila ce que Cayer proposoit, pour continuer licitement les questions qui restoyent, jusqu'a tant qu'elles fussent decises.

206. La question de la creation des Anges, & du nōbre d'iceux, fut sur ce que du Moulin allega, qu'on n'estoit point encore venu au poinct principal, & qu'il falloit continuer. Lors Cayer luy dit, qu'il ne demandoit pas mieux, mais qu'il en estoit cause par ses questions & demandes pontilleuses: lors (luy dit Cayer) i'ay aussi à vous faire des questions, comme de la creation des Anges, quelle, quand, & en quel nombre elle a esté. Ce n'estoit donc pas, de bonc estourdy, ny d'estonnement ou angoisse d'esprit, que Cayer luy parloit ainsi: mais ce fut en respondant à son propos cy dessus.

206. Sur les seings des scribes ou scripteurs, que ledit Adaire met auoir esté proposez à Cayer, pour les approuuer par sa signature; ledit Cayer dist, qu'ils auoyent le sing de celuy qui auoit escrit pour luy: & croyoit qu'ils se trouueroyēt conformes, mais qu'autrement encore qu'ils conuinssent ensemble de leurs escrits, il estoit necessaire, qu'ils les eussent leuz diligemment & collationnés, auant qu'il y peust ny deust mettre son sing. Et pourtant dist lors, vous orrés de mes nouuelles là dessus.

Quant à ce qu'ils adioustent, d'vn rieur qui leur fit iouer la farce qu'ils disent, de faire rire la compagnie: ce n'est que la coustume ordinaire des heretiques, de conuertir la pieté en risée, & tourner toutes les meilleures paroles en boufonnerie.

207. Du Moulin s'alla cacher auec ses complices d'heresie par la porte de derriere, Cayer s'en alla par

les grandes ruës ordinaires, ſans bruit quelconque: Et ſe cognoiſtra qu'à tort & ſans cauſe, on luy impute faute, de n'auoir voulu ſigner, d'autant qu'il euſt ſigné ce qu'il ne ſçauoit s'il eſtoit tel qu'il l'auoit dicté: mais apres qu'il l'eut veu, il le ſigna, auec & apres les docteurs qui l'ont approuué. Au reſte Dieu ſoit loué, de ce qu'ils diſent, que la conference fut rõpuë au grand contentement des fideles, c'eſt à dire de leurs gens: car c'eſt leur opinion, que tous les Chreſtiẽs Catholiques Romains ſont infideles: & les appellent icy meſme ignorans: mais cela eſt vray pourtant, que Madame Millet eſt Catholique, graces à Dieu, & Monſieur Millet; en tels termes qu'il recognoiſt bien que les Miniſtres pretendus, n'ont aucune charité Chreſtienne, & par conſequent n'ont point de foy.

Depuis la preſente (graces à Dieu) Monſieur Millet a recognu noſtre mere ſaincte Egliſe: dequoy nonobſtant ledit Miniſtre pretendu du Moulin, n'a pas laiſſé de ſe vanter du contraire. Mais la verité eſt plus forte que tout. Il a meſme fait encore vne battologie iniurieuſe, en toutes façons contre ledit Cayer, lequel ayant veuë, a pris compaſſion treſgrande, de la miſere où il le void reduit: que ſentãt bien en ſon ame les miſerables hontes, qu'il s'accumule ſur la teſte deuant Dieu & ſes SS. Anges, pour le grãd iour de ſon diuin iugemẽt: il ne laiſſe de s'obſtiner & s'endurcir d'auantage, choſe grandement deplorable. Ou bien meſme, s'il ne reſſent en ſa cõſcience les groſſieres & trop palpables tenebres de ſes erreurs, où il eſt enueloppé: ledit Cayer apprehende pour ledit du Moulin, qu'il ſoit mort en ſon ame, tout en vie: Dieu luy vueille rendre ſon bon ſens, & par ſa miſericorde le radreſſer au chemin de salut, afin d'auoir vie eternelle par Iesus Christ nostre Seigneur, à l'intercession glorieuse de la sacrée Vierge mere de Dieu nostre Sauueur : nostre Dame, patrone & aduocate singuliere : & par les suffrages & sainctes prieres de tous les bien-heureux Anges : & de tous les saincts & sainctes de Paradis. Amen, amen, amen. Au nom du Pere & du Fils, & du sainct Esprit. Ainsi soit-il.

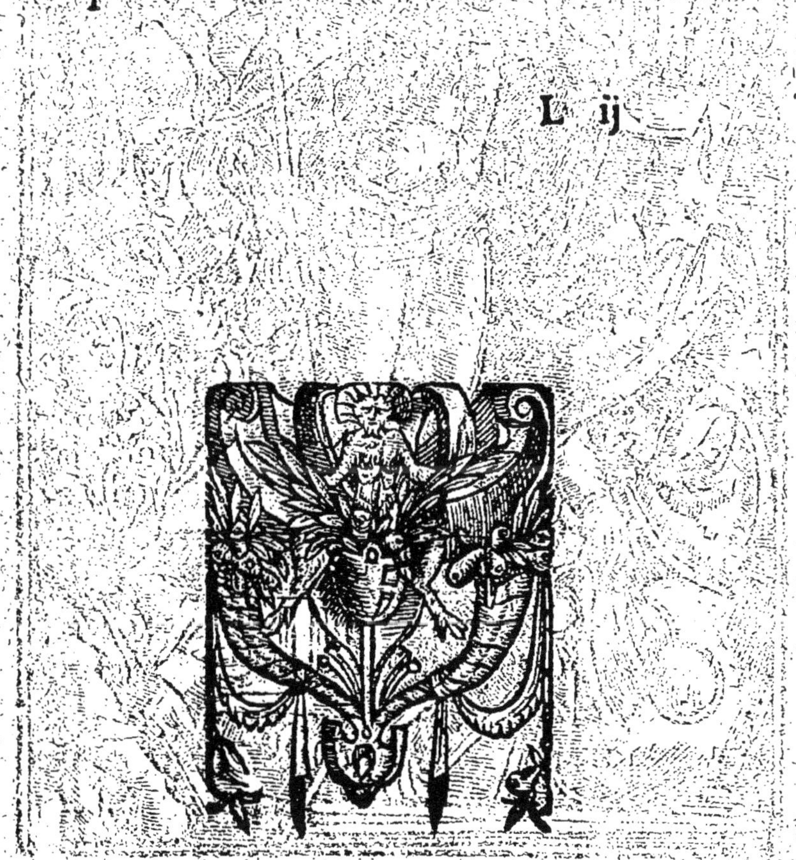

STANCES SVR LE TRESPAS DE MONSEIGNEVR LE REVERENDISSIME ARCHEVESQVE DE GLASCO, AMBASSADEVR

du Serenissime tres-puissant, & felicissime le Roy Iaques, premier d'Angleterre, d'Escosse & Irlande.

A MONSIEVR L'EVESQVE DE VEZON.

SOVS l'ombrage chenu d'un antique Laurier,
Se nourrissoit l'espoir de ma gloire naissante:
Mais tu me l'as rauy, coupant, ô cor meurtrier,
Les rameaux de sa tige encores verdissante.
Son honorable tronc, sur la poudre gisant,
Monstre auec quels efforts, il a iadis faict teste;
Et auec quel courage il alloit mesprisant
Les orages gresleux, les feux, & la tempeste.
Ses rameaux voisinoyent les estages plus bas,
Mais les plus hauts estoyent surmontez par sa gloire:
Et si d'un vain honneur il fuyoit les appas:
Car luy mesme il estoit le prix de sa victoire.

Priué d'vn tel appuy ie seroy maintenant,
Comme le ieune enfant qui a perdu son pere,
Exposé aux ardeurs de ce feu violent
Qui viendroit étouffer ma naissance premiere.
Mais Dieu qui m'a donné la Chaste verité
Pour legitime Espouse, aura soing de ma vie:
Et monstrant les effects de sa grande bonté,
Il la garantira des aguets de l'enuie.
Il me suscitera vn autre ombrage saint,
Qui (diuin) imitant l'ombrage de ses aisles,
Me deffendra du chaut, que ie n'en sois atteint,
En couurant ma grandeur sous ses larges aisselles.
Ainsi fauorisé, & du maistre des Cieux,
Et d'vn nouueau soustien, en la terre où nous sommes,
I'esleueray mon chef, mesprisant mes hayneux,
Et le mortel venin des iniures des hommes.
Puis apres ayant pris parfaict accroissement,
I'emploiray le plus beau de mes douces fleurettes,
Et de mes pleurs gommeux pour seruir d'ornement
A ces doctes Prelats, & leurs vertus parfaictes.
I'emploiray de mes pleurs les chaux coulant ruisseaux,
Pour honorer de l'vn les obseques funebres:
I'emploiray de mes fleurs les meslinges plus beaux,
Pour de l'autre honorer les vertus plus celebres.

I. M. G. N.

D. Augustinus, in Epistola ad Diasco.

TAm potentem Deus fecit animam, vt de eius plenissima beatitudine, quæ in fine temporum sanctis promittitur, redundet in inferiorem naturam, quæ est corpus, non beatitudo, (quæ intelligentis & fruentis est propria) sed plenitudo sanitatis, quæ est incorruptionis vigor.

D. Gregorius lib.24. Moral.

IVstorum animæ leuibus, quibusque contagiis, ipso sæpe mortis pauore purgantur, & eternæ retributionis gaudia, iam ab ipsa carnis solutione percipiunt. plærumque verò contemplationis internæ etiam prius quàm carne spolientur, hilarescunt; & dum vetustatis debitum soluunt, noui iam muneris lætitia præfruuntur.

D. Ambrosius in sermo. de quadragesima.

TAntis malis hæc vita repleta est, vt comparatione eius, mors remedium putetur esse non pœna, nam ideo breuem illam Deus facit, vt molestiæ eius, quæ prosperitate vinci, vel tolli non poterant, temporis exiguitate finirentur.

D. Hieronymus ad Heliodorum.

INter eum qui decem vixit annis, & illum qui mille, postquam idem vitæ finis aduenerit, & irrecusabilis mortis necessitas: transactum omne tantumdem est, nisi quod magis senex onustus annorum fastidio proficiscitur.

FIN.

www.ingramcontent.com/pod-product-compliance
Ingram Content Group UK Ltd.
Pitfield, Milton Keynes, MK11 3LW, UK
UKHW020339180726
13839UKWH00002B/799

9 782019 912246